U0902773

合伙人模式

严兆海◎著

SPM
南方出版传媒
广东经济出版社
·广州·

图书在版编目（CIP）数据

合伙人模式 / 严兆海著．—广州：广东经济出版社，2018.7
ISBN 978-7-5454-6286-9

Ⅰ．①合…　Ⅱ．①严…　Ⅲ．①企业经营管理—研究　Ⅳ．①F272.3

中国版本图书馆CIP数据核字（2018）第091435号

出 版 人：姚丹林
责任编辑：易　伦　甘雪峰
责任技编：许伟斌
装帧设计：海阔天空

合伙人模式
HEHUORENMOSHI

出版发行	广东经济出版社（广州市环市东路水荫路11号11~12楼）
经销	全国新华书店
印刷	北京联兴盛业印刷股份有限公司（北京市大兴区春林大街16号1幢等2幢）
开本	787毫米×1092毫米　1/16
印张	14
字数	149 000
版次	2018年7月第1版
印次	2018年7月第1次
书号	ISBN 978-7-5454-6286-9
定价	68.00元

如发现印装质量问题，影响阅读，请与承印厂联系调换。
广东经济出版社常年法律顾问：何剑桥律师

目录/CONTENTS

合伙人时代

抱团打天下，合伙赢未来

合伙人合的是什么

道不同，不相为谋

如何导入合伙人模式

思想不改变，成功难实现

第四章 合伙人类型、选择与股份分配

知己知彼，百战百胜

第五章 搭建合伙人团队的规则

不懂这些千万别合伙

构建合伙人组织

从改变创始人理念开始

合伙人股权设计

分钱分权，融资融智

弱势合伙人如何控制公司

用制度来减少“阵痛”

合伙人模式走向死亡的四个阶段

驾驭“规律”，避开“沼泽”

合伙人散伙法则

回归初心，方得始终

第一章 合伙人时代

抱团打天下，合伙赢未来

第二章 合伙人合的是什么

道不同，不相为谋

走进合伙人时代

2013 年，有一部电影叫《中国合伙人》，它以俞敏洪、王强、徐小平合伙创办“新东方”的真实经历为蓝本，在中国非常火。在这部电影的叫好、叫座声中，合伙人模式也走进了更多创业者的梦想和行动中。

如今，合伙人在企业经营、企业管理、企业运作中的重要性越来越突出，甚至已经超越了商业模式，超越了团队，成为决定公司成败的新的核心竞争力。

那么，如何打造合伙人团队？如何导入合伙人理念？如何切入合伙人模式？如何把公司传统的僵化的被动执行的团队，变成一群生机勃勃主动积极的合伙人，让员工自主自发地完成企业角色的转变，成为企业的资本，而不是成为企业的成本呢？这些正是本书要与大家一起探讨和分享的主要话题。

首先，我们来看几个案例。

（一）

2014 年，阿里巴巴上市了，打造了 1 万名千万富豪。从另一个角度，也可以说是阿里巴巴的上市一夜之间打造了 1 万名企业的小合伙人。

阿里巴巴不是马云和“十八罗汉”创造出来的。阿里巴巴的上市打造出1万名千万富翁，说明有1万人分享了阿里巴巴的股权和期权。也就是说，阿里巴巴联合了1万名企业管理人员成为其合伙人，享受老板的福利和待遇，成为该企业的老板，才给阿里巴巴带来了蓬勃的发展动力和发展趋势，继而可以在过去十几年里实现超高速的增长，使得一个18人的小团队，成长为今天估值超过3万亿元人民币的世界电商巨头。

（二）

2016年，华为的销售额接近5000亿元人民币；2017年，华为的销售额已经接近6000亿元；2018年，华为的销售额突破6000亿。这是一个很庞大且很强大的民营企业。

当看到它不断地可持续增长，取得重大规模突破，成为中国民营企业500强第一名时，我们也在反思：华为之所以能够取得如此辉煌的成绩和成就，与其股权结构及全员持股模式是不无关系的。我们都知道，华为的创始人任正非只有华为少得可怜的1.4%左右的股份，其余的都给员工了。因此我们说，华为也是一个庞大的合伙人组织。

为什么华为可以从20年前的一个只有24 000元钱起步的小作坊式的公司，发展为如今的世界500强企业，同时成为中国最大的民营企业的典范和楷模呢？

在没有资金、没有外资、没有背景的情况下，任正非作为第一代创始人，也没有深厚的学历背景，但是他将股权分散并释放给了全部的员工，让全员成为公司的合伙人，让全员成为公司的主人，这就给公司的发展注入了强劲的动力。所以20年来，在强大的“铁血文化”“狼性文化”“主人公精神”和“创新性意识”的引导之下，华为的业绩爆破，保持不断增长的趋势，直到今天成为全世界的民营企业巨鳄，成为垄断某个领域且值得敬仰的企业，而这正是因为强大的合伙人机制和合伙人模式的推动。

通过上面两个案例，我们可以看到，无论是世界一流的民营企业华为，还是在美国上市的阿里巴巴，它们的成功都有相通的地方。也就是说，将员工的积极性快速并充分地激发出来，让员工能够自主自发地将潜能开发出来，将会产生巨大的力量和价值。

在当今互联网创业时代，在万众创业、大众创新的时代，你会发现：公司变成了平台；员工变成了合伙人；老板变成了创业领导或创业领袖。因为今天的中国已经全面进入合伙人时代，所以我们传统的经营思维、打工思维、管理思维必须改变，必须由一个压榨型、剥削型的组织变成一个利他型、服务型的平台，必须由一个管理型的组织变成一个激发型的组织，老板和员工的关系也必须由雇佣关系变成服务的关系和激发的关系。

只有这样，员工的积极性才能被激发出来，员工才能自主自发地为公司工作，创造出强大的公司发展动力和潜力。也只有这样，公司的成本才能够降低，公司和员工、团队才能彻底捆绑在一起，成为利益共同体、精神共同体和财富共同体。也只有这样，小公司才能变大，大公司才能变活，创新型公司才能基业长青，才能延绵持续发展的核心动力。

今天的中国已经走进了互联网商业时代、人才制胜的时代、合伙人的时代。所以，我们必须建立合伙人的意识，学习合伙人的理念，导入合伙人的模式，然后完善公司的经营模式，调整公司和员工及老板的关系，学会合伙，学会抱团取暖，学会用合伙人模式抱团打天下。

合伙人模式的产生

合伙人模式，是在什么时代背景下产生的呢？我们一起来回顾一下。从 1982 年改革开放、邓小平南巡，到 2017 年中国进入高智能的互联网社会、智能化社会，共经历了三个时代。

农业时代：土地

20 世纪 80 年代之前，中国还是一个生产资料传统、落后的农业国家，经济非常落后。当时的中国，只有一些落后的老旧的国有企业，只有农业原材料，而农业原材料是不值钱的。而同时期的欧洲已经跨过了 100 多年的资产阶级革命和工业文明，美国也在科技领域达到了非常先进和发达的程度，早在 60 年代就把宇宙飞船送上了月球，创造了科技各个领域的辉煌。

那时的国有企业是资源型的、国家控制的，没有什么核心竞争力，注定会走向死亡。所以说，农业时代最大的价值是土地。

工业时代：资金、资源

1982 年改革开放，中国开始从农业社会向工业制造化社会转变，全面地改革开放，以中国庞大的人口红利和劳动力、生产力、制造业的成本，把西方的制造业承接了过来，然后中国成了制造业强国，进入了工业时代。

中国不断地改革开放，把深圳、苏州作为窗口，成立了一些示范特区，然后承接产业转移的力量，开始有工厂、设备，开始制造工业商品，靠劳动力，靠勤劳，靠牺牲环境，获得了廉价的回报。

为什么中国没有话语权呢？因为在工业制造业时代，中国只是国际产业价值链分工的一部分——制造业末端环节。所以，中国出现了第一批民营企业，它们靠勤劳、靠发展，捕捉到市场先机。中国开始从短缺经济向市场化经济过渡和转型，继而有了自己各行各业的商品和品牌。可能质量还不那么好，工艺还不是那么先进，价格也很便宜，但中国能够自己制造商品了。所以在工业时代，中国出现了大量的雇佣关系，也就是职业经理人时代到来了。

这时候决定企业成败的是资源、资金，是后台、背景，是企业各种核心要素的积累。人才很重要，但是还没有重要到能瞬间决定颠覆企业一切的程度。所以，这个时候是以资金为主导的时代。谁有钱谁就是老板。如果你没有钱，那你也可以到别的公司谋求工作机会，然后通过你的专业水平、职业素养和对公司的忠诚，获得公司的授权和信任，拿到高于常人的薪水，成为一个高级职业经理人。这就是我们所说的职业经理人时代诞生的背景。

网络时代：知识、智慧、能力

2000 年以后，随着互联网、高科技的发展，企业的经营和发展进入了另外一个主流——网络经济时代，这个时候传统制造业优势已经不再。联想走向了亏损，海尔日薄西山，曾经辉煌如今依然闪耀的传统制造业企业已经所剩无几。它们被一些新的公司取代了，如阿里巴巴、腾讯、京东、小米等。十多年前，这些企业还没有诞生，但是十多年后，随着互联网、高科技的蓬勃发展，它们迅速发展成了世界级跨国公司，成了中国经济发展的核心竞争力和中国企业的代名词，甚至打进了世界500强前10强，给中国人带来了巨大的地位、荣誉和骄傲。

如今，中国有了走向世界的新时代公司，如阿里巴巴、腾讯、滴滴、京东、小米等。在互联网、高科技领域，中国企业很多已经走在了世界的前列，甚至达到了世界领先水平，超越了欧洲、新加坡、韩国等。

前不久有一则新闻，说一个法国小伙在中国待了十几年，回到法国首都巴黎后就开始抱怨，要移民到中国来。因为中国有微信，微信简直太方便了，可以即时沟通、订餐、购物、打车、支付等，没有微信，沟通不方便，买东西不方便，交易不方便，他感觉到今天的法国太落后了，恳求马化腾“用微信解救落后的法国”！

这则新闻，从另外一个角度反映了中国已经不再是一个落后的国家、过去的“世界工厂”，而是已经成为一个世界级的创新型国家。因为在网络经济时代，中国实现了弯道超车，实现了未来在高科技创新领域的新的超越，开始引领未来、引领世界。以这种趋势和增长潜力，未来5~10年之后，中国甚至可能成为世界上新经济增长的核心力量。这一力量就来源于知识的创新、智慧的创新、能力的引领、颠覆和创新的超越。

这种才华与能力的创新是以人本为中心的创新，不是以企业、以机器、以品牌、以资源为中心的创新，是靠知识和智慧、能力和才华、颠覆和创新驱动的。

过去，人才服务于资本和企业；未来和现在，资本服务于人才。所以，今天在互联网经济时代，构建具备了合伙人机制的所有的基础，也就意味着未来的企业是知识和智慧的海洋，人才和能力、创新和颠覆是企业的核心竞争力。未来的企业不以资本为本，而是以人为本。未来的企业必须由传统的职业经理人雇佣关系转变为合伙人制度，才会有美好的前景。

如果在互联网经济、智慧经济、知识经济的时代，不能把企业和员工的关系与机制彻底激活，不能将雇佣关系转变成合伙关系，就意味着这个企业的潜能不能激发出来，活力不能迸发出来，它的竞争力就不能体现出来。

在互联网经济、人本为王的时代，只有两个结果：要么人才的潜力挖掘不出来，企业失去发展活力，等待淘汰和死亡；要么人才流失，企业同样是等待死亡。所以，未来只要掌控了人才的制高点，就掌握了企业竞争的最高点。

今天，我们要走进人才市值时代，每个人都要学会成长，学会成才，因为今天的市场是由人才构成的。一流的企业做一流的事，二流的企业做二流的事，三流的人做三流的事。所以，你是几流的人就会做几流的企业。如果你是人才，你就可以让你的企业在竞争中立于不败之地。

试想一下，如果没有马云，就没有阿里巴巴；如果没有任正非，就没有华为。所以，未来中国有多少优秀的世界一流人才，就意味着

未来中国可能有多少世界一流企业。哪怕你没有背景，没有关系，没有资源，但是只要你有知识、有智慧、有能力，你就可能瞬间改变命运。

只要你懂得创造、愿意学习、适应未来、引领改变，你就可以过自己想过的生活，做自己想做的人，就可以把命运牢牢地掌控在自己手中。

职业经理人时代与合伙人时代

合伙人时代的到来，从另一个角度理解，也意味着职业经理人时代的结束。

我们先来认识一个概念——职业经理人时代。什么叫职业经理人时代？职业经理人时代，也可以称为打工时代，或者雇佣关系为主的时代。

在互联网商业时代，在今天的合伙人时代，传统的打工模式呈现出如下特点：效率低下、被动心态、团队分裂、管控失灵、矛盾重重、成本高昂、人力资源流失严重等。这些是传统的打工模式和雇佣模式的弊端。

那么打工模式的背后是一个什么样的关系呢？它是在什么背景下产生的呢？为什么会出现这个现象呢？我们来一起解读一下。

职业经理人，就是经营管理能力比较职业化 、水平比较高的人。他们是打工时代的产物，雇佣关系的代名词，它的属性是雇佣关系，它是在工业产业时代产生的。

我们都知道，在工业产业时代，个人创业是很难的，办工厂要厂房、机器设备、巨大的资金投入，等等。或许你很有能力，但不一定有能力去独立做企业，你的工资可能攒 10 年也不够买一台设备，怎么去创业？所以，即便一般人能力很强，也需要平台和机会。

这是以生产制造型企业为例，运营型企业也是一样。比如高通，研发芯片的，技术水平比较高；耐克，品牌运营能力比较强，等等。无论你是CEO（首席执行官）、COO（首席运营官）、CIO（首席信息官），还是首席技术官、首席营销官、首席财务官等，都叫高级职业经理人，俗称为“高管”。你的专业能力再强，你也只是一个打工者，可能获得上百万或数百万元的年薪，对普通人来说这收入已经很高了，但“高管”只是职业经理人。

在工业产业时代，很多人不具备独立创业条件，即便你某方面的能力如管理、战略、思维很先进，个人综合素质很强，但由于做一家企业，需要品牌、资金、成本、关系和资源等一系列的沉淀，不能够靠个人的能力来支撑。所以，即便能力很强，也不具备创业的机会，只能到优秀的、有潜力的、有发展前途的公司去打工，获得高额的薪水报酬。

所以说，职业经理人和公司的关系是雇佣关系。雇佣所产生的是你把你的时间给我，你来帮我办事，我给你酬劳。这和办工厂的性质是一样的，你到我这里上班，我给你工资，只是高级一点和低级一点的区别。蓝领、白领、金领，只是级别不一样、工资多少不同而已，性质都是雇佣关系。

那么，为什么互联网时代职业经理人就遇到了很大的挑战呢？

这是由职业经理人的性质决定的。谁不希望钱越多越好，活儿越少越好呢？谁不希望为自己辛苦，为自己付出呢？人们都执着于自己的梦想，有谁愿意帮助别人实现梦想，执着地付出和努力呢？在这种观念下，很多人就会消极怠工，不努力、被动、效率低下、内耗严重、责任心不强、没有担当。在这一群不作为、被动、效率低下的人的影响下，企业运作就困难重重，成本不断攀升，利润节节败退，造成很多无形的损失。而传统的企业管理，通过职业经理人培训，提升心态，提升素养，增加竞争机会，来获取短期的激励。

但是，进入互联网时代后，万众创业，大众创新。创业的机会多了，有钱可以创业，没钱也可以创业，有能力的人可以创业，普通人也可以创业，人人都可以创业。职业经理人时代遭受到前所未有的冲击。

当打工关系变成合伙人关系，为别人工作变成为自己工作，由老板出资金变成由大家一起出资金，雇佣团队变成合伙人团队，各种资源汇聚在一起，形成一个强大的平台，创业的成功率自然也就提高了。所以，智慧经济时代的来临是合伙人团队诞生的基础。

为什么今天要倡导合伙人，学习合伙人，研究合伙人，甚至要把公司的团队全部转化成合伙人，哪怕是基层员工，也要让他转化成创客，让他为自己工作呢？因为这个时代的属性变了。以前传统工业的创业门槛通过互联网从天花板上一下子降到地板上，资金门槛很低。有些人只需要一部手机就可以创业，开网店，做微商。人人都有机会。原本在职业经理人时代，很多不具备创业资格的人都已经创业了，总经理、董事长的头衔不再遥不可及。

互联网经济，是知识经济和智慧经济的产物。在知识经济和智慧经济时代，决定企业成败的力量变了。在工业商业时代，决定企业生存发展的是资源、品牌、资金、核心竞争力、背景、后台、沉淀、积累等，这些都是决定企业成败的传统要素。人才只是其中的一个部分，它虽然决定成败，但它不能够对企业的全方位形成冲击，还代替不了企业固有的通过常规层面积累的东西。

今天的互联网时代，也是一个知识经济和智慧经济时代，最大的特点是能力和才华、颠覆和创新可以左右企业的一切，人才成为决定企业一切成败的根本。

过去，企业是谁有钱谁当老大，没有钱，你说了不算，能力再强也没用。谁出钱多谁有股权，按股份来。而今天，有钱也不一定当老大，谁能力强谁当老大。

在这个时代，从马云到马化腾，从雷军到刘强东，以及所有的网络新贵，还有阿里巴巴上市打造的一大群千万富豪和亿万富翁，他们有资源吗？有关系吗？有背景吗？有后台吗？有资金吗？没有。他们有什么？他们只有梦想，有热情，有才华，有能力和方法。

可以说，以前人才是为资本服务的，现在及未来，资本是为人才服务的。今天你成才了，你就可以发财，可以成功，所以说企业经营最高层次的竞争是人才。人才是企业成败的核心竞争力，也是决定未来一切的根本。

我们每个人必须学习构建自己的大脑银行，让自己具备智慧经济时代的核心竞争力。因为在网络经济时代，人才、能力是第一生产力。企业最高层面的竞争，就是人才的竞争。当人才决定一切的时候，所有有能力、有才华的人就可以按照自己的意愿和梦想去工作，不再受制于某个资本、某个企业、某个平台、某个品牌。

一流的企业是一流的人才创造的。没有了一流的人才，一流的企业就变二流甚至三流的了。如果你的企业留下的都是三流的人才，你的企业就将被市场淘汰。这就是人才的核心竞争力。

合伙人时代就这么到来了，传统的靠资本、靠关系控制企业的时代，职业经理人的时代已经结束了。在这种情形下，如果你想找到并且留住一个有共同梦想的、卓越的、优秀的、有才华和能力的人与你一起工作，那么你必须给他股权，让他成为公司的股东，为企业规划未来，让他享受与老板同等的待遇。

今天，中国进入了合伙人时代，进入了智慧经济时代，进入了人才决定一切的时代。首先，我们必须接受这个理念，一方面让自己成为人才，能够驾驭人才，成为企业的老大；其次，必须要找到一群志同道合且具备各方面专业才华和能力的人，把他们嵌入团队，形成一个完整的利益与思想的共同体，成为真正的家人，也叫合伙人。

当你和你的团队、员工成为一伙的时候，也就是你的企业开始高速发展、强大的时候。因为所有人都会为了共同的目标而工作，为企业的未来而工作，而不是为了你个人而工作。大家的工作理念、工作心态、工作模式就发挥了全方位的转变，就由职业经理人式的、被动的、落后的、消极的、怠工的、生产低下的变成了积极的、正能量的、向上的、高产出高价值高效率的；由为别人工作的变成为自己工作的；由没有战斗力的变成有战斗力的；由没有竞争力的变成有竞争力的。

当这两种状态完成彻底而快速的转变，新生代的企业就可以高速蓬勃地成长，而处在过去的传统的职业经理人雇佣关系时代就会彻底地丧失竞争力，直到被市场淘汰。

今天，中国已经进入了合伙人时代，你必须把你、你的公司以及你公司的整个团队，全面转化成合伙人——基层叫创客，中层叫合伙人，高层叫事业合伙人。一旦把这种理念导入企业，企业的发展、企业的活力、企业经营的结果就会发生翻天覆地的变化。

我们都知道，中国优秀的民营企业，如华为、阿里巴巴等，都采用了合伙人模式。尤其是华为，它是全员持股模式，它的员工分享了公司接近 99% 的权益。这就是华为能够这么有活力、有狼性，能够挑战阿尔卡特，打败思科，成为世界最卓越的电信通信设备供应商的根本原因。

任正非既没有很强的背景，也没有很高的学历，甚至也没有强大的资金实力，那他靠的是什么呢？靠的就是股权激励，通过与员工分享股权及收益，引爆财富效应。

华为全球 17 万员工不是给任正非打工，而是任正非在领导他们，帮助他们实现自己的人生价值和梦想，所以员工的动力、心态和积极性就不一样了。管理人员不会认为自己是在为公司工作，而是完全在为自己工作，他们会感谢华为给了自己这个平台，让他们在这个平台上可以奋斗、拼搏，可以实现梦想，获得超越工资之外的更多的价值，而在传统的企业就没有这种机会。

在智慧经济时代，人成了第一生产力。所有的科技、研发和创新都是人创造出来的，但是如果人被动、不用心、不积极工作，怎么能创造价值呢？

所以，正是这种体制的转变，极大地激活了民营企业的活力、创新和发展速度。也正是在这种体制的创新下，才会有微信、支付宝、余额宝等一些新生事物诞生。

好的体制、好的观念，可以推动企业完成翻天覆地的蜕变，把小的变大、弱的变强、死的变活，就可以给企业带来蓬勃的发展动力，从而汇聚成一种强大的力量。

中国的经济在未来的10年、20年，势必产生一股强大的合力和竞争力。把13亿中国人的智慧、勤劳、聪明和才华会集到一起，这是一股多大的力量！它会以排山倒海之势成长为中国经济增长的新引擎和一个极端的力量，直到把中国推到世界第一大国、第一科技强国、第一创新强国的地位上。

因为合伙人模式的改变，不仅对个人、企业，甚至对国家、民族的核心竞争力都产生了极大的影响。这就是机制的力量、模式的力量。这就是合伙人时代给我们带来的最大启示！

开启合伙人创业新模式

直接创业模式：造船过河

这种创业模式是以自我为中心的创业模式，也叫单打独斗式的创业模式。创业者要有资金、有团队，要找产品、搞研发，然后要独自带领团队把公司从家庭式、个体户式的小作坊变成大公司，甚至变成上市公司。

我们都知道，100 个创业公司，可能 99 个都将失败；1 万个创业公司，可能也难有 1 家成功上市。为什么创业这么难？

在创业的过程中，创业者需要平衡各个方面的因素，包括市场竞争、资金匹配、团队打造、产品研发、持续创新、外环境建设等各个方面。只有能够同时平衡企业经营发展过程中的这各种要素，并且可持续地经营三五年，企业才可能真正成长起来。然而，绝大部分创业者往往都不具备这种综合的特点和能力，只具备某一方面的资源和优势，或者于某一阶段具备某一方面能力，所以在整个创业过程中很难获得持续性的辉煌和成功。

很多职业经理人，当到一定程度就不想再给别人打工了，直接自己创业。他们认为自己非常厉害，毕竟曾经坐上副总裁或总经理的位置，于是信心满满地找来几个好哥们投资数百万甚至数千万，就开始创业了。但是，一两年之后，我们发现他们大多都赔得很惨，有的连债都还不起。

为什么创业的成功率这么低呢？经过反复思考、探讨和总结，我们得出了一个结论：要想让一个人同时搞定内在和外在、客观和主观、资金和团队、产品研发、创新和市场，并且各个方面都保持不败的经营，这太难了，需要非常强大的对未知事物及风险的驾驭能力；而我们很多人是不具备这种能力的，只有某一方面的经验或优势或资源，根本无法支持公司获得可持续发展。

在“造船过河”这种创业模式之下，你会发现，创业就像爬冰山，成功是偶然的、少数的，失败才是正常的。但是，这种模式是最早的第一代创业模式，也是我们中国最主流的商业模式。

借力创业模式：借船过河

这种创业模式，相对来说，成功的概率就提高了很多。所谓“借船过河”，就是借资金、借团队、借品牌、借机遇、借项目等，总之，借的都是好的。比如，你是开湘菜馆的，他是卖花生米的，你的湘菜生意非常好，他就可以在他的店里添加你湘菜馆的菜式，那么他不用开餐馆，生意也可以非常好，这就叫借力创业。

一般来说，借力创业模式有两种：一种是以个人的身份加入到一个成熟的、发展非常好的、有基础设计的、赢利能力强的公司当中去，成为其中的一员。通过把自己镶嵌进去，成为公司的创始合伙人或合伙人团队里面的一员，从而获得该公司的股权和期权。这样成功的概率就非常高，不用担风险，还能拿工资，也不用面对各方面的挑战。如果公司做不好，也不会赔本，大不了再找一个更好的平台。如果公司做好了，就可以快速分享成功的果实，比如公司上市后能分几千万元甚至几亿元。这就是以人为中心的借力创业。

另一种借力创业模式是以企业之间合作为中心的借力创业。比如阿里巴巴和聚众传媒合作成立了云峰基金，继而有了支付宝和余额宝。马云不懂基金运作，聚众传媒看中阿里巴巴的大数据和支付系统，两方一拍即合，相互借力，一个新的公司就成立了。

余额宝 18 天吸金 57 亿元人民币，短时间内创造了巨额的财富，可谓无风险、高效率。借用阿里巴巴的品牌、淘宝的平台数据及支付宝的所有现金流支付系统，只做了一个平移，就快速获得了巨额财富。

经过一两年的发展，余额宝账户里已有高达数千亿元人民币的资金量，成为全世界最大的基金公司之一。只是因为学会借力，就获得了公司或平台的成功，以及市场价值杠杆的放大。

综上，这两种模式都是以人和企业合作为中心的模式，统称为借力模式。借力模式，就是发挥杠杆的力量。你有一个，我有一个，1+1=2。你有 1 双筷子，我有 1 只碗，两人合起来就可以一起吃饭了。但是，如果你非要自己去造筷子和碗，那么就会慢很多很多。所以，借力模式是一个快速成功的模式。它主要有两大好处：第一，可以快速把握机会，大幅度地提高成功的概率；第二，它可以规避个人创业的风险，实现轻资产运作，不需要承担太多压力和责任，就可以获得更大的机会，把成功的概率提高到 50 倍、100 倍，甚至由偶然的成功变成必然的成功，这些都是完全有可能的。

很多职业经理人，能力很强，但是他们不愿意自己当老板，更愿意在别人的平台上打工，借助别人的平台，获得更轻松、更快速的成功。不用出资金，不用担责任，不用冒风险，事实上，他们的这种模式也是借力模式。

所以，在人生成功的路上，不仅有第一种单打独斗、造船过河、一切靠自己的模式，还有第二种——借船过河、借力创业模式，只是你之前不知道这种创业模式而已。因此，当你拥有了这种资源、眼光和智慧的时候，你就要学会借力。

借力成功的智慧在于两点，只要把握了这两点，你就可以快速或加速成功。

第一，要有好眼光，能发现好的机遇。只有找到了对的支点，你才能撬动杠杆，所以这是借的前提。当你有好眼光的时候，你就知道这个世界上自己不是最强的。很多人、很多企业、很多公司的成功是靠机遇，以及外部因素的推动，自己不一定能够占据核心的力量，所以这就要求你的眼光要好，选择要正确、明智。

第二，要懂得忘记自己，相信别人。借力，是要借助别人之力而成功。如果你不懂得相信或信任别人，那么你一定借不到力。因为所有的合作借力，都需要相互信任、相互协作的支撑。如果你对人设防，和别人有距离感，你就不能放心地把钱交给别人去打理，就不可能和别人建立牢固的合作关系。一个孤立绝缘的人，在这个世界上是不可能获得成功的。所以，要想借力成功，还要把握第二种能力和细节，懂得“相信”二字。

合伙人众筹创业模式

如今是一个共享经济的时代，全民微创的时代，大众创新、万众创业的时代。这个时代，很多资源、很多力量都是碎片化的，要想一个人具备庞大的资源，靠有限的精力、体力、时间和能力是很难做到的。如果一种创业模式能把这些碎片化的资源、财富、金钱及机会整合起来，形成一个强有力的高效的战车，让每一个普通人也具备快速创业、共享创业、分享经济财富的机会，这种模式就叫作合伙人众筹创业模式。

合伙人众筹创业模式有三个要点：

第一，必须找到一群拥有共同目标、共同需求、共同想法的人，把他们看成合伙人。借众人之力创业，这是最省时省力的。

第二，众筹。先找到这群志同道合之士，然后每人出一份钱，完成资金的募集和筹集，同时也实现了风险共担。比如，你需要1000万元创业，如果只有一个人攒，那么一个人一年攒10万元，攒100年才能攒到1000万元，这太慢了，一辈子都没创业的机会。但是，如果你学会了合伙人众筹创业模式，一个人出资1万元，1000人很快就可以筹集1000万元，可能只需要一天的时间，或者一个会议的时间就可以完成。这样就极大地节省了创业的时间、创业的成本，同时也能够快速地把握机遇，让资金问题快速得到解决。

第三，有了人，有了资金，还需要一个项目。找到了项目，就可以快速开始创业了。那么，未来什么是创业模式的主流？我们说，一定是合伙人众筹模式，因为它让普通老百姓也有了创业和创富的机会，让很多人可以瞬间把梦想变成现实，把很多不具备独立创业、独立能力、独立经济以及独立资源的人整合在一起，形成一股强大的创业力量。

合伙人众筹创业模式是一种主流创业模式，也是代表未来创业的一种力量。未来你可以能力不是很强，但是你可以跟着一个强人；你可以没有钱，但是你可以找到一群很有钱的人；你也可以说没有好的项目，但是你可以看谁家有好的项目，把这批人带过去，和他们一起干。所以，人人可以创业，人人都有机会。这是一个新时代的开始。它必将极大地激发社会的活力，释放创业的机会和创业的空间，让这个世界的机会不断地从少数具有资源的人手里转移到我们普通老百姓手里，给普通人创造合理的新时代的创业空间和创业机会，让经济的发展充满活力，让每一个人参与到国家和社会的经济建设中来，成为激活社会经济发展的动力引擎和新增力量，从而对经济的发展也起到巨大的推动作用。

合伙人众筹创业模式，是引领未来的一种全新的创业模式，它将颠覆传统的创业模式，直接引领未来的创业革命，让普通人也可以参与创业，直接创业，甚至完成创业，站到时代的风口，获得巨大的商业价值，缩短奋斗的时间。

那么，对于这三种创业模式，创业者该如何选择呢？

创业者需要根据自己的条件，思考哪种创业模式与自己匹配，可以给自己带来巨大的成功机会，就该选择哪种创业模式。

假如你想通过自主创业模式获得成功，需要具备哪些条件呢？比如个人很有眼光，有资金，有资源，也有能力，你能够完全主导和控制一切，甚至能够90%在核心层面上决定这个事情的所有成本，那你就适合自主创业模式。

自主创业模式，既能加速你的决策力、自主性、积极性、动力系统，同时还能让你掌控大局，控制一切，不受任何外部因素的干扰。相对来说，这种创业模式就适合你。

如果有人说："我的经济条件不够，能力也不够，可能各个方面都不够，怎么办？"那么，这样的人就适合第二种借力创业模式。

也许你某一方面的能力比较强、有资金、有项目，但是你在某一方面的独特优势都不足以决定你的成败。单独看，你好像很厉害，但是合起来运作一个企业的时候，可能你某一方面的短板就会让企业发生致命性的失误和风险，甚至直接导致失败、毁灭和死亡。如果你属于这种情况，那么建议你也不要单打独斗创业，而是选择借力创业模式。把你的个人优点、资金优势、产品优势、项目优势、人脉优势、管理优势等拿出来，找一个需要这方面优势且具有潜力的企业和团队，把自己镶嵌进去，成为其中的一员，你就可以和团队一起获得成功。很多高级职业经理人都是这种成功的模式，如阿里巴巴的"十八罗汉"、小米的合伙人雷军，就是这种成功模式。这种模式不仅使得个人的优点得到充分发挥，而且还降低了风险，缩短了奋斗的历程。

记住：这个时代，当老板的模式和途径是多种多样的，并不是非要自己注册公司、组团队、搞产品才叫当老板。最明智的选择是，一定要用最合适的方式来实现自己的梦想和目标。

很多人说，我是个普通人，不具备独当一面的各个方面的能力和资源，当不了大老板，不可能成功。我是个蓝领工人，或者学生，或者扫地的阿姨，或者公司的小白领，没有超越常人的某一方面的长处，就是一个普通得不能再普通的人。那么，这些普通人怎么创业，怎么实现自己的梦想呢？是不是他们就没有实现自己梦想的机会了？当然不是，有机会。新时代的创业机会、新时代的创业革命、新的商业模式，给了普通人参与未来的空间。

如果你属于这种类型，你就可以直接进入第三种创业模式——合伙人众筹创业模式。

打开网页，你可以看到京东众筹、淘宝众筹、众筹网等各大平台，很多人共同参与一个项目，可能 1 人出 100 元，也可能 1 人出 1000 元，几千人甚至几万人参加，一下子就凑到几十万甚至几千万元，开始创业了。我们把钱凑过去，成为其中的一滴水，很小的一部分，可能有我，他也能成功，没有我，他也能成功，但是有了我，我就有了参与这种创新的机会。

合伙人众筹创业模式，让我们普通人也可以参与万众创业、大众创新。需要注意的是，必须找到好的创业领袖、好的项目，这种创业模式成功的可能性才会提高。

当然，普通人也可以不普通，小起点同样可以成就大事业。比如，阿里巴巴就是在三室两厅的房子里面诞生的，亚马逊是从一间车库走向世界的，沃尔玛是从一个乡村小镇上开始起步的，等等。起点不代表终点，所有大的成功都是由小的成功铸就的，没有涓涓细流，汇不成江海，合抱之木起于毫末。

在创业的过程中，模式的选择几乎决定了成败。我们常说市场决定空间、管理决定效率、模式决定成败，同样，你是什么样的人、什么样的条件、什么样的资源，如果选择了最适合你的创业模式，那么就意味着在成长、事业、财富的发展道路上，你已经成功了一半，剩下的就是模式选择问题。如果你的模式选择不好，方向选得不对，那么你再努力也没有用，再多的辛苦、付出都是不值钱的。

很多创业者，由于不能对市场进行定位、对团队进行定位、对自己进行合理的定位，不能匹配自己各方面的资源，找到更合适的模式，支撑自己的梦想，以至于在创业的路上交了很多学费，付出了很多艰辛和努力，最后收获的却是挫折和失败。

所以，为了让我们走得更好、成功得更快，我们一定要了解自己的创业途径和创业模式，找到匹配自己的方法，来加速自己的成功。用更小的资源、更好的模式，来引领我们的梦想，让我们用更快的速度到达梦想的彼岸，快速地走向创业、创富之路，让梦想照进现实。

创业模式的转变

传统的创业路径

传统的创业路径是以个人为中心，组织各种资源，包括资金、团队、产品、研发等各方面的后台资源，进行创业。可能一个人要获得开公司、当老板的资格，需要 5 年甚至 10 年以上的沉淀和积累。

这种创业模式是过去的主流创业模式，影响了中国几千年。但在今天互联网时代，机会稍纵即逝：在落后的农业时代，三十年河东，三十年河西；工业时代，十年河东，十年河西；互联网时代则是一年河东，两年河西。

传统的创业路径适合过去的时代。在今天日新月异的互联网商业经济时代，强调的是变化和创新，传统的创业模式已经跟不上市场和企业发展的节奏，也满足不了未来创业者引领市场发展的需要。

传统的创业路径的工作理念是被动地给别人打工，为别人工作。这和为自己工作完全不是一个概念。随着时代的发展，当所有的员工观念变了，都在被动地工作，不再珍惜工作机会，不再用心工作，他们也就成了公司巨大的成本负担。所以，如果你问，今天公司的成本是什么？很多人会告诉你，是人力资源的成本。

随着时代的发展，如果没有技术、没有团队、没有资金、没有经验、没有信念、没有入口，那么老板一定要进行创业模式的转变，否则最辛苦的不是员工，而是老板。老板将会变成为员工打工的人，每天为员工解决各种问题。

这几年，在互联网的冲击下，传统的老板经营举步维艰，原本想将过去的盈余继续投资，用于购买更好的设备和资源，期望取得更大的业绩，结果不但没有达到预期的效果，反而赔得倾家荡产，甚至有的不堪重负自杀了。这就是模式没有切换过来、本末倒置的后果。所以，进入互联网时代，传统模式已经不再能适应当前的发展需要，必须对其进行升级，才能给企业增长带来新的活力，才能真正让老板身心解放。

合伙创业新模式

进入互联网时代，合伙创业新模式逐渐走入大众的视线，并在实践检验中得到肯定。

1.工作理念：为自己干。

在合伙人模式下，员工的工作理念会转变，会由给别人干变成为自己干，由一个人创业变成大家一起创业。这时，员工是自主自发的，企业的相关资源就可以节省下来，用来创造更多的财富，而且员工的积极性也可以更大程度地开发出来。

当人人都积极主动地为公司操心，为公司努力拼搏、奋力付出，公司的业绩怎能不好呢？正是由于员工工作理念的转变、工作状态的调整，企业的活力瞬间被激发出来，合伙人团队才能真正地成为主导未来企业经营成败的核心力量。

国内两家知名民营企业——华为和阿里巴巴，采用的都是合伙人体制。合伙人体制，能极大地开发出团队和员工的潜能，真正地激活企业的内部潜力。因为人是企业的第一资本，是企业的第一生产力。只有把员工激活，企业的生产力和竞争力才能被激活，企业才能在市场发展中立于不败之地。

2.合伙人+众筹=超速创业。

传统概念的合伙人是几个公司的老板合伙，而所谓的“合伙人+众筹=超速创业”模式，是全员合伙，用合伙人的性质加众筹的理念，把公司从高管到中层再到基层彻底捆绑，从而实现超速创业。

为什么合伙人加众筹能实现超速创业呢?

传统的创业模式下，我们可能需要用十年二十年攒来的创业资本，才获得一次创业的机会。而在超速创业、众人创业的模式下，我们可以积水成渊、滴水成河，迅速地聚集一波分散的收益力量，形成庞大的创业资金，从而快速地把握创业机会，快速创业。只需要一个超级idea（创意）、一个梦想、一群拥有自信的人，就可以把分散的社会资源快速集中起来，快速实现收益，甚至诞生一个快速成长的创新型公司，同时给普通人提供更多的就业及创业的机会。

这种创业模式，不仅可以大幅提高创业的效率、竞争力、积极性，而且可以大幅地降低创业门槛，让人人都有参与创业的机会，让创业增长成为经济最大的活力和中心。所以，万众创业、大众创新就从这种模式里面诞生了。

3.创客模式。

在2014年至2015年期间，李克强总理提出，要借改革创新的

“东风”，推动万众创业，助力大众创新。随着一批创新创业扶持措施的实施，中国进入了草根创业时代，简称为创业时代，也叫创客时代。

什么叫创客？创，就是创业；客，就是客方。同样实行创业，以客方的角色参与，只需要用很少的资金，就可以站到主人公的位置上。创客模式，能够让我们以客方的角色和角度，实现主人公的收获，实现主角的价值和功能。

没有资金，没有资源，或能力、经济条件薄弱的创客，我们称为草根创业者。当很多很多草根创业者聚集在一起，也会形成庞大的创业力量。所以，互联网时代是万众创新、大众创业的时代，也是草根创业崛起的时代。这意味着人人都有机会，人人可以参与竞争，因为这是一个相对公平的时代。

从过去单打独斗的传统的创业路径，到借力创业的创业合伙模式，再到众筹创业的模式，也叫合伙创业模式、创客创业模式，我们相信，创业的活力正在不断地被开发、被激发。

从一个人单干到几个人合伙干，再到未来一群人一起干，这是创业模式一次彻底的颠覆和创新。由金字塔塔尖创业到塔中创业，再到塔基创业，也叫大众创业，这是三个层次创新体系的完善。从过去经济发展由少数人引领，少数人成为经济增长的动力引擎，变成全民创业，全民成为经济增长的动力引擎。当这个社会的每一个角落、每一个人、每一个家庭、每一个细胞都彻底被激活，融入市场经济的汪洋大海里，成为充满活力的分子、细胞和发动机时，中国经济必定会实现迸发式的增长，成为世界经济的领头人。

经典案例：

任正非如何玩转“合伙人”

2018 年 3 月 30 日，华为正式公布了 2017 年全年财报。报告显示：华为 2017 年度实现全球销售收入 6036 亿元人民币，同比增长 15.7%；净利润 475 亿元人民币，同比增长 28.1%！

这个收入是阿里巴巴的近 4 倍（根据阿里巴巴 2017 财年业绩，阿里巴巴 2017 财年全年收入为 1582.73 亿元）；是中兴的 5 倍多（中兴 2017 年营业收入约 1088.20 亿元）；是小米的 6 倍（小米 2017 年营业收入约 1000 亿元）。

同时，2017 上半年华为仅在中国就缴税超 676 亿，纳税额拿下民营企业 500 强第一，比恒大和万达的纳税额加起来还要多出 24.5 个亿。

华为取得如此骄人的成绩，离不开掌舵者任正非，更离不开全员持股的合伙人模式。任正非并不是技术专才，他的最大长项，就是定战略、用人才！

华为没有上市，但是把 98.99% 的股权开放给了员工，创始人任正非只拥有公司 1.01% 的股权。这种全员持股的模式，最大程度地激发了员工的主动性、积极性和创造性！华为所挣的每一分钱都是大家的，都是合伙人的。

其实，华为的合伙人模式从20世纪90年代就已有萌芽。1990年，华为就提出了内部融资、员工持股的概念。但是，在华为这样的高科技企业，人才流动非常快，很多人才离开华为之后仍然拥有公司股权，分享企业剩余价值，这对企业发展来讲是很不利的。

所以，1997年，华为对员工持股计划做了改造，叫虚拟股权计划。该计划实际上是利润分享计划，类似于身股，员工在公司就参与利润分享，离开公司就不能参与。员工离开后，公司就会以净资产的方式把股权收回，并将股权再卖给新加入的员工。这一计划使得退出企业的人，他们不再为企业做贡献之后，就不再分享企业利润，而企业的新人，他们是来为公司做贡献的，能够购买到公司股权。

因此，1997年完成股份制改造以后，华为员工所持股权并不是真正意义上的股权，而是一种利润分享计划，也是一种合伙人股权激励方式。

近几年，华为又做了改变。因为很多高管、老员工拥有公司股权以后，股权收入远远超过了工资和奖金，使得很多员工失去了奋斗的热情，只想着做好本职工作就能拿到很高的收入。于是华为又建立了获取分享制：股东每年分享利润要减少，把每年创造的大量利润收益，以奖金利润分享的方式，分享给当年创造价值的人。并规定股东每年只能分享利润的25%，简化股东收益，75%要通过奖金分享给当年创造价值的人。这就激励了更多的人必须在当年创造高价值，不能只靠股权获取收益。

截至2016年12月，华为全球员工约15万人，而其中持股成为事业合伙人的员工约 8 万人，由工会委员会作为持股平台统一管理。华为在工会持股平台上选出 51 名员工代表，并在此基础上推选出华为投资控股有限公司（华为技术公司的控股母公司）的董事会成员，共计 17 人。

据广东省工商局登记资料显示，截至 2016 年 12 月 31 日，华为投资控股有限公司由两名股东构成，分别是工会委员会和任正非个人，其中自然人任正非出资比例仅占 1.01%，社会团体法人华为投资控股有限公司工会委员会出资 98.99%。

这种股权架构，任正非相当于普通合伙人，是公司的实际控制人，出力；而工会委员会相当于有限合伙人，为持股及事业合伙人提供的平台，出钱。这就能够解释为何任正非持股仅为 1.01%，却能控制公司的原因了。而大名鼎鼎的华为技术有限公司（法定代表人是孙亚芳），就是由华为投资控股有限公司 100% 控股的子公司，是单一法人独资企业。我们可以得出一个结论：华为虽然是一个庞大的高效的合伙人组织，但还是一个由任正非个人掌控的公司。

第二章

合伙人合的是什么

道不同，不相为谋

第三章

如何导入合伙人模式

思想不改变，成功难实现

合人品

俗话说："千军易得，一将难求。"找到一个优秀、卓越的合伙人，对企业而言至关重要，就像古代行军打仗一样，刘邦找到了萧何和韩信，成就了天下，而项羽没有这样得力的将领，结果亡国了。

"三个臭皮匠，顶个诸葛亮。"在团队和企业成长发展过程中，优秀的合伙人是非常重要的。如果把一个三流的项目让一流的团队来做，可能取得二流的结果。如果把一个一流的创意让三流的团队来实现，可能依然是只能拿出三流的成绩。也就是说，团队的发展至关重要，所有的比拼都是团队的比拼、人才的比拼。

企业发展的速度、成长的竞争力，不可能取决于老板一个人。任何一位企业家，不管他的能力多么强，他的精力和时间都是有限的，所以说企业层面的竞争最终都是一个有胆识、有眼光、有魄力的领导领着一个团队和另外一个团队的竞争。任何一个团队的短板，足以决定企业的衰败。因此，在创业之前，在把企业做大做强做上市之前，要找到一流的团队，找到一流的人才，这是我们所有老板和企业家的使命。

因为所有的事都是人做的，在搞定事之前，首先要搞定人。在创造出优秀和卓越的企业之前，首先要打造出优秀的、卓越的团队。

首先要寻找到优秀的、卓越的合伙人，把一群有能力的人搞定了，未来的事业和前途就有了。那么，如何快速地找到合伙人？如何能够找到自己心仪的合伙人？如何找到企业真正需要的合伙人呢？

在找合伙人的过程中，我们要注意哪些事项和要点呢？

我们在找合伙人的过程中，第一个要找人品或德行相合的人。如果人品不行，其他一切都不行。人品第一，态度第二，能力第三。

很多人找合伙人第一是看能力，其实能力是很重要，但是如果人品不行，或者大家做人的道不一样，认的理不一样，方向不一样，那么能力越强，损失越大。最后你会发现，对公司带来最大破坏力的人都是能力最强的人，也都是人品出问题的人。

古代讲，“德本才末”，德是第一位，才是第二位；“修身、齐家、治国、平天下”，修身是第一位，最后才能凭能力平天下；“厚德载物”，厚德是第一位，载物也就是能力，是第二位。

因此，我们找合伙人的观念一定是首先要看人，看人的人品、价值观、思想、品行是不是一致的。好人做好事，坏人做坏事，好人和坏人一起做事，结果事没做好，坏人还把好人给带坏了。所以企业没做好，最后团队也解散了，可能伤害你最深的人就是离你最近的人，也是那个能力最强的人。

如果人品是正的，那么能力越强，能发挥的正面作用就越大；如果人品是负的，那么能力越强，企业受到的伤害就越大。所以我们在找合伙人的时候，一定找的是价值观相近的、人品好的人。

人品，是我们评论一个人有没有诚实正直的品质、善良的德行、利他的精神、团队意识、担当责任的情怀，有没有大爱，有没有使命感、责任感，以及有没有超越个人利益的愿景和使命的核心标准。

如果一个人不够正直，那么不能合作，因为他随时可能骗你。如果一个人不够善良，那么没法合作，因为他随时可以害你。如果一个人没有伟大的愿景和使命做牵引，那么也只能短期合作。因为大家的方向很难长期保持一致，人的私欲很难得到满足，物质的激励毕竟是有限的，所以只有超越个人利益、把团队放到第一位的人，才能把企业做大，才能成为引领公司不断发展的核心力量，才能够成就伟大的事业。

很多企业的衰败，不是源于外部敌人的进攻，而是源于内部核心力量的瓦解。我们可以看到很多发展很好的公司一夜之间四分五裂、高管之间反目成仇，绝大多数都是源于人品问题。比如，曾经轰动一时的黄光裕与陈晓的国美股权之争。曾经信任的总经理为谋求企业的控制权，与外部资本联姻，对抗自己。这就是人的忠诚度和责任感出了问题。但是，这方面的问题有时候法律也没办法判定，因为法律和道德不一样，法律只讲规则。合法的并不一定合乎道德情理。

道德和人品是一种超越现实、超越契约精神、超越组织的力量，无形中可以决定很多事。在未来企业发展的各种过程中，总有很多不可预知、不可预判的行为，我们没办法用协议、规则规定得很清楚，那么如果碰到人品不好的人，到企业发展到一定阶段就容易爆发出很大的矛盾，而且很难去规避、平衡及权衡。而且问题发展到一定程度，很多问题（如法律问题、税务问题等）都暴露出来后，最终倒霉受伤的一定是老板和大股东。而那些小股东或职业经理人，他们不一定受到最大的伤害，但是他们毁了公司，毁了团队，毁了一伙人的未来，结果老板成了他们的替罪羊。

那么，归根到底这都是谁的错呢？都是企业老板的错、总经理的错，因为当初他们认人不清。所以，当我们选择的人人品有问题的时候，就意味着在自己的公司埋了一颗定时炸弹，随时可以被引爆。

这时候，企业发展得越大，就意味着风险越大，也就是随时可以造成致命的冲击。所以，用人非常重要，选对了，用对了，企业生机勃勃，人人是人才；选错了，用错了，人人都可能成为公司的定时炸弹。

合愿景

有一帮人品好的人，是不是就一定能合作呢？也不一定。

我们要合愿景。不同的人，兴趣不同，发展的方向也不同。找一群爱游泳的人去游泳，找一群爱钓鱼的人去钓鱼，找一群爱画画的人去绘画，他们开心，相互支持，相互欣赏，相互赞美。但是假如你想找一群爱游泳的人去钓鱼，找一群爱钓鱼的人去画画，那么这个过程就不会那么快乐了。短期可以磨合一下，但后来你会发现，磨合得都是伤痕，因为大家的方向不一样，愿景不一样。

这种从骨子里散发出的本性的东西，很难因短期的利益而改变固化下来。一旦条件、环境发生改变，可能马上就会产生分歧。大家的方针、方向不一样了，企业就会经受重大的团队考验，甚至走向分裂，走向死亡，走向毁灭。

因此，我们在选择合伙人的时候一定要多问为什么，是为了赚更多的钱，还是为了追求更伟大的梦想、愿景或使命？只有骨子里灵魂层面的东西一致，大家才能真正地形成一个整体，才能够不改初心，方得始终，才可以一起经历风雨、经历彩虹，从开始走到最后。

真正好的团队一定要有伟大的梦想、使命、愿景及价值观。举例说，我们都知道阿里巴巴“十八罗汉”的使命，是让天下没有难做的生意。

只要是为这个使命而工作的人，今天还在一起努力工作，因为他们要把阿里巴巴这个平台做成世界级的平台，可能才能结束这段奋斗历程。

但是还有一部分人可能认为小富即安，阿里巴巴上市分个几千万就可以了，所以这批人拿到钱就离开了，去过他们想过的生活了，如转型做投资等。他们的梦想已经变了，不再是让天下没有难做的生意，而是借助阿里巴巴取得阶段性的物质和财富自由，仅此而已。

如果没有伟大的梦想和牵引，哪来这样的信念作支撑，哪能做出如此的壮举，哪有超越常人的意志力去坚持！如果不能坚持，再伟大的梦想都会成为泡影，都不可能实现。

由此可见，伟大的梦想、使命和愿景是超越物质价值的。灵魂层面的价值是多么重要。要想打造一个真正一生一世能绑在一起的团队，不是凭一时的哥们义气、爱好热情，而是要有共同的伟大的愿景和使命，要找到共同的目标和方向，找到共同的灵魂。这才是一个组织、一个企业真正的可持续成长的核动力，才是凝聚一个企业团队的核心的不可抗拒的终极力量。

如果找不到有愿景、有使命的人，怎么办？我们就给他们装上梦想，装上愿景，装上使命。学会点燃别人的伟大梦想，这是我们作为创业老板要做的。

我们要学会感染别人，把自己的梦想变成大家的梦想，把大家的梦想合成一个共同的梦想。这也意味着所谓合愿景、合使命不是天生的，要学会创造条件，学会创造人才，让他们有共同的目标、使命和价值观，把所有的人用心灵动力真正地凝聚并捆绑在一起，真正地变成一个合伙人团队。

合性格

古人说：播种性格，收获命运。一个人后天的所有行为和过程，在某种程度上是由他的性格决定的。

人的性格有不同的色彩，有黄色、红色、蓝色、灰色，有人激情，有人快乐，有人希望争第一，有人希望低调，有人喜欢追求名利、张扬自己、绽放自己，有人喜欢安静地做自己，不显山露水。所以说人的性格不一样，爱好、情绪不一样，选的专业就不一样，工作也不一样，人生的角色成就也不一样。有的人成了教师，有的人当了科学家，有的人成了企业家，有的人还是打工仔，有些人在家种地，有些人像陶渊明一样，“种豆南山下，草盛豆苗稀”，归隐田园生活，与世无争，这也是一种情怀和享受。

这些都没有对错，正是因为人有不同的性格、不同的色彩、不同的需求，才成就了我们这个五彩斑斓的世界。所以在寻找合伙人的时候，我们一定要学会识别人的性格，找到最需要的最合适的人才。

性格是判断人、选择人的核心依据。这里，我们把团队需要的性格总结一下，比如你需要领导者，那你就要通过九型人格找到8号领导者。领导者类型人格的人有魄力，有胆识，有眼光，有行动力。这种人就是要当老大的人。

一个团队一定要有这种想当老大的人，没有这种当老大的人，就没有了生机，没有了活力和奋斗力。但是，这种当老大的人要有，且只能有一个。一山不容二虎。有两个或更多，企业就要分裂，团队就要打架，公司就永无宁日。而且，最后你的团队培养的不是员工，也不是高管，而都是竞争对手，专搞内部竞争和内部分裂。

是什么原因导致了这些情况呢？是因为老板自己没有性格。在企业发展过程中，需要许多合适的人，在不同的阶段需要不同的合适的人。只有懂得这个道理并贯彻落实，让不同的人融入一个团队，企业和团队才能获得最佳状态。比如，绝大多数公司和团队都需要一些性格比较开朗、能言善辩的人去开拓市场。如果你用的都是一些老实巴交、厚道得有些呆板的员工，公关不会，应酬不会，喝酒不会，说话不会，只会实干、单挑，那企业能做好吗？

所以，公司不仅需要执行型的员工，还需要灵活型的员工，需要领袖型员工，还需要工兵型、谋略型员工等。经营好一家公司不仅要有好的经营策略，还要有一群真正的智者，能够用超越常人的智慧，时时刻刻关注企业内外部的变化，及时给企业提出应对的方针、战略及实施方案。

团队是一个综合多个人的组合，需要有互补性。比如性格刚的总经理要匹配性格柔一点的员工，能力强的要匹配态度好的，执行力强的要匹配策划灵活的，有胆识魄力的要匹配有忠诚度的，眼光好的要匹配务实会干的，等等。互补型团队，如果拆分开来，各自可能并不算强大，但是合在一起，可能就是一幅完美的画作，会产生强大的动力。

所以，我们必须将多姿多彩的人糅合在一起，达到一个最佳完美的要素，然后才可能最大程度地挖掘出一个团队的组合战斗力，发挥出 1+1>1 的力量，而不是 1+1=2，甚至 1+1<0 的效果。

有些小规模民营企业一下子请了很多空降兵，个个都曾是大公司的高管，但是最后什么事也做不好。这种现象除了能力和发展阶段不匹配之外，很大可能也存在性格不合适的原因。性格是天生的，后天只能调整优化，很难彻底改变。一旦性格方面存在冲突，那么在企业发展过程中，到一定的阶段，这个矛盾一定会爆发。这种矛盾的爆发是以人为中心的，势必对企业造成很大的伤害，无法用钱来弥补，甚至造成无法挽回的损失。

比如，如果公司需要一个财务人员，就必须找一个性格沉稳平和的人，而不能用一个投机心、事业心、积极性非常强的人，否则企业财务很容易出问题。如果公司需要一个营销人员，那么就应该选积极努力挑战和突破、想挣钱想发财的人，因为他可以感染客户，开发市场，拓展市场，公司才可以不断发展。如果公司需要一个总经理人选，那么一定要选有眼光、有魄力、有胆识的人，而不能找一个平和的、忧郁的、徘徊的、温和的人。因为人的不同性格造就不同的行为方式，企业领导人天天不急不躁，那企业发展也不温不火，长期下去企业就会在竞争中逐渐失去生存的空间。只有有魄力、有胆识、有行动力、有执行力、不达目标誓不罢休的人，才能够不折不扣带领团队实现已定的共同目标。如果公司需要一个管理型人员，就必须找一个做事严谨、负责、有担当且执行力非常好的人。因为在管理上没有执行力，没有效率，一切都等于零。同时，你要找的人还要懂道理，黑白分明、奖罚分明，这样才能建规则、出制度，才能建立幸福的机制。

总而言之，不同的岗位要匹配不同性格的人，把不同性格的人融合在一起，成为强有力的团队，再集合专业的技能、岗位的授权和分权，才能形成优化的团队，动力强劲，凝聚力强大，分工明确，配合高效且默契。如此，企业发展才能比较好。否则，任何一个团队组合的错误或失误，都会让企业走向负面，甚至给企业带来重大的损失。

合功能

我们都知道选择合伙人，可以是因为有钱，也可以是因为喜好相近，但是我们到底要合什么样的人呢？企业需要什么样的人呢？

我们可以根据不同功能，将合伙人组合到一起。比如：有的人眼光好、战略好，就可以让他当老大或者首席战略官；有的人执行好、细节好、会操心，就可以让他去搞管理；有的人喜欢突破，喜欢挑战，喜欢高收入，就可以让他去做市场，搞营销创造业绩；有的人比较平和，甚至也不是那么爱财，就可以让他管理财务；同样，有的人头脑灵活、思维清晰，喜欢创意，喜欢不同的感觉，就可以让他搞企划；有的人善于组织资源，善于灵活调动、解决匹配内外部的因素，这样的人就可以让他负责运营；有的人创造力不强，但定力很强，比较可靠，就可以让他当仓管，或者一些不需要创新的、可靠的、程序化的岗位。

不同的人在不同的位置上，起着不同的作用，把每一个人使用好，把他们的优点和潜力充分挖掘并利用起来，他们就是人才。所以，人人都是人才，关键看如何利用。

作为企业的老板和创始人，我们一定要知道，要把功能整合起来。要知道，你用的人不一定是最好的，但是合起来可能是最好的团队，最好的团队就能拿出最好的业绩。而最好的人合在一起，不一定能发挥最好的效果，因为功能不匹配，自相矛盾，甚至自相残杀都有可能。就像一幅画，红色、黑色和白色，单看很单调，但是涂涂抹抹搭配得当，就是一幅佳作。功能整合得好，优势发挥出来了，团队优势自然就能凸显出来。

腾讯公司创立之初，马化腾就和四个合伙人约定好：各展所长、各管一摊。

张志东担任CTO（首席技术官）。张志东与马化腾是同学，也是兄弟。在深圳大学，张志东和马化腾都属于计算机技术拔尖的一拨，但张志东是其中最拔尖的；即便放大到深圳整个计算机发烧友的圈子里，张志东都是其中的翘楚，是个计算机天才。因此，由他担任首席技术官是人尽其才。

首席运营官（COO）由曾李青担任。曾李青是个市场奇才，在20世纪90年代，他就以类似做期货的方式做成了大家都认为不可能做成的系统集成项目。在电信设备提供方要的钱和地产商能承受的价格一样的情况下，曾李青把财务、行政和采购等相关部门的人都叫在一起，给大家算了一笔账说，先抓紧和地产商签订协议，让他们先付款，先收入120万元，然后在一年的工程期内，做好统筹，那么120万元的设备最多80万元就能拿下，这个项目还是稳赚的。最后，这个不可能做成的项目真的被他给做成了。

担任首席信息官（CIO）的是许晨晔，他不仅与马化腾和张志东是同学，也是曾李青在深圳电信数据分局的同事。在深圳电信数据分局任职期间，他累积了丰富的软件系统设计、网络管理和市场推广及销售管理经验。

陈一丹则担任首席行政官（CAO），全面负责腾讯公司行政、法律、知识产权、政府关系、政策发展、管理机制、人力资源，以及公益慈善基金等事务。

腾讯的“五虎将”在各自的领域都是佼佼者，合在一起就成就了今天的腾讯——中国最大的互联网综合服务提供商之一，也是中国服务用户最多的互联网企业之一。

合伙人公司的发展靠的不是一个人，而是一个团队。所以在企业发展的过程中，要把团队的功能匹配好。在寻找每一个合伙人时，我们要了解每个人的特质、内涵，在保证品格基础上，把每个人的优势最大化，把优点都发挥出来，把缺点都规避了。

把每一个成员的优点都放大并整合到一起，并且匹配平衡，从而组成最好的团队、最有战斗力的团队——这是每一个团队的管理者和领导者必须掌握的企业管理技巧，也是我们搭建合伙人团队必须看重的选才的核心标准。

合规则

俗话说：没有规矩，不成方圆。做事是要讲规则和方法的，很多事站在不同的角度是不同的理。价值取向不同，利益导向不同，结果方案就不同，所以很多事无对错，只有方向性和倾向性选择不一样。

生活中，人们常常以个人利益为中心，以个人利益为判断行为和结果的标准。而人的欲望和利益无法永远最大化，所以在合伙过程中，我们必须具备一种能力，叫制定规则的能力。当我们建立以规则为中心的做事制度的时候，就不再以个人利益为中心。

在这个规则分配方案没改之前，可能公司50%的效益都是我创造的，但是如果按照合伙人分配制度，我只能分15%，我认了，因为这是我的选择。我认这个规则，我不能说我的贡献最大，这个公司50%的收益都应分给我。但是很多人做不到，心里会不平衡。

如果公司董事会觉得我贡献比较大，比原先的规定多分了20%，那我也接受，因为这是合理的，但是我不会强求。这就是规则的意义。

在规则面前不讲人情，只讲事先制定的规矩。很多不可预知发展的时候，我们没办法用规则强行规定，要靠良知和德行来控制。

要使合伙人制度保持有效运行，规则是第一层保障，而良知和德行控制是后一层保障。我们一定不要以人情为主导，以规则为主导，否则公司将很难管理。只有认理不认人，公司的流程才可以复制，机制才可以完善，制度才能让大家信服，因为规则可以一视同仁。就像美国总统最多只能连任两届，这就是规则，无论现任总统能力有多强，有多么受美国人喜爱，得到世界各国的认可，都要遵守这一规则。

中国人做企业往往很看重个人的利益和感情，以人为中心，对规则和机制不重视，导致企业不断分裂和再造，给企业造成了重大的伤害。一个领导走了，一个团队也跟着走了，影响了公司的正常运转。这是以人为中心，不是以机制为中心。所以做企业不是做人情，企业的发展和重建不能以个人为中心，应该以机制、以平台、以规则为中心。

从小企业开始，从团队开始，大家都要养成以平台、以机制为中心的习惯，公司的发展才能够蒸蒸日上，才能够不断地从小做大，从复制走向富强。

如果有人过于强调个人的关系和资源、权利和感受，那这种人就不能在合伙人团队出现，因为到一定的程度，他们就会形成小团体，拉帮结派，小势力氛围就会形成内耗，给企业造成巨大的发展阻力，甚至导致分裂。

合利益

大家一起奋斗一起拼搏，收入分配问题是一个不可回避的问题。不挣钱可以一起扛，挣了钱要一起分。那利益怎么分呢？

我们经常可以看到，有些老板很爱吃独食，苦是大家一起吃的，但挣了钱却是他个人的，这样的老板的观念是狭隘的个人主义，这种企业注定做不大，也做不强。

好的合伙人一定要有利他精神，有大局观，有团队意识，不仅要为自己着想，也要为团队和大家着想，要有分享精神。比如挣钱了该怎么分，要有具体的分享规则和流程。合伙人不仅要有这样的意识，还要有清晰的模式、时间和节点。不能凭老板一拍桌子，凭感情，凭心情，想怎么分就怎么分。

合伙人之间拥有一致的利益观念非常重要，否则很容易导致合伙创业公司因利益分配不均而解散。

假设两人合伙，甲投 8 万，乙投 2 万，除此之外没有任何时间、劳动、资源等投资。现在赚了 20 万，请问应该如何进行利益分配？

一般按照 8∶2 来进行利益分配，甲分得 16 万，乙分得 4 万，大家不会有任何矛盾。因为在只有金钱方面的投资的情况下，合伙人甲、乙通常默认按照各自的投资比例进行利益分配——这就是合伙人之间一致的利益观念。

如果不只是投资了金钱，还投资了人力成本，那么该如何进行利益分配呢？

因为除了金钱投入之外，还有人力资本的投入，情况就变得复杂了。如果没有提前把其他成本按照金钱成本做等价替换，就会导致各人因高估自己付出的努力而对利益分配不满，从而使得原本牢固的合伙关系遭受挑战。

例如，销售员认为“我给公司带来了800万的业绩，老板只给了我8万”，只是一味地认为被剥削了，而没有考虑到所卖的货物的推广成本、生产成本、物流成本、仓储成本等。当然，这是一个比较极端的例子，但是在实际生活中，的确有一些创业者会认为自己灵光一现的点子才是无价之宝，而其他人的努力只不过是“人人都可以做到的行为”。持这样的态度做事，显然是不利于公司的发展的。

造成这一问题的根本原因是，没有把劳动换算成钱来进行评估，或者合伙人之间没有形成共同认可的合理的评估办法，而导致利益分配过程中出现落差，产生矛盾。

如果在合伙之初达成了这样的利益分配共识，即将所有人付出的劳动成本都按一定的方法换算成钱，再用已获得的收入减去已付出的劳动换算的钱数，然后再根据出资额来分配收益，那么无论投资的效益好或不好，都可以和谐共事。

创业本质上来看就是投资，只不过有些人用钱来投资，有些人用精力来投资，有些人用技术来投资，有些人用人脉来投资。无论什么样的投资，也无论投资的效益好或不好，都要在合伙创业之初就建立所有合伙人一致认可的利益观念和分配规则。这是实现企业基业长青的秘诀之一。

我们在寻找合伙人的时候，一定要杜绝严重的个人利益主义者、个人中心主义者。大家不仅要理念上合、方法上合，规则要合，利益也是可以共享的。凡是共享的组织才能实现共赢，只有共赢的组织才能实现共同的发展和繁荣，才能蒸蒸日上、枝繁叶茂、基业长青。

合价值观

在寻找合伙人时一定要把一个理念贯彻到团队中去，或者找到大家都认可的核心观念，这个理念或核心观念就是团队的价值观，即分享、协作和共赢。

人以自我为中心，这是人的禀赋。人不为己，天诛地灭，这是人的本性。但是谁的团队理念能够摆脱这种狭隘的个人意识的控制，建立分享、协作、共赢的意识的共同价值观，谁的团队才能形成真正的团队。一个以个人利益为中心的个体组合再大，也就是一群乌合之众，不能形成合力。只有真正地合在一起，建立分享、协作和共赢的价值观，才能够让团队发挥出超越个人的竞争力。所以，个人单打独斗式的英雄主义者，过于自私自利、狭隘的人，没有奉献精神、利他精神的人，没有分享、没有协作、只有强大的个人意识的人，不懂得欣赏和赞美团队的人，等等，都不适合加入合伙人团队。

合价值观的核心有很多，但是分享、协作和共赢是我们永恒不变的价值观。所以我们建立合伙人团队时必须寻找价值观相合的人。这是我们所有人寻找、打造或提升合伙人团队的重要价值取舍判断标准。

获取企业经营的另一种能量，就是打造合伙人团队，寻找合伙人团队。如何让一群很优秀或者不是那么优秀的人组合起来，成为一个强有力的不可战胜的团队呢？这是一个企业领导人或创始人，或者一个想从小企业做到大企业的企业家必须跨越的成长瓶颈和团队瓶颈。

经典案例：

三国之中，为何刘备的团队最厉害

相信大家都读过《三国演义》，对刘备这个人物和他的团队应该很熟悉。那么大家有没有想过，在《三国演义》中，哪个团队最强呢?

论老大，肯定是曹操，一代枭雄，个人能力最强，但是论团队，刘备最成功。刘备没有什么过人的才华，也没有多大过人之处，却能够建立强大的蜀国，成为三国当中一支强大的力量。

刘备靠他的合伙人团队编制能力，请来了关云长、赵子龙、张飞、诸葛亮，形成了一个顶级战略同盟。每个人的功能互补，每个人岗位的专长非常突出，某方面在岗位领域内专业水平全行业第一。这样的组合非常有威力。所以在蜀国强盛的时候，诸葛亮一次又一次提出北伐，试图一统天下，但是后来诸葛亮去世了，原来的团队合伙人也老了，最终蜀国灭亡了。

我们试想一下，如果这个团队能够年轻50年或30年，那么统一天下的有可能就是他们了，因为他们是最有战斗力的团队，因为他们把最有合力的人凝聚在了一起。所以，要当团队的领导和老大，你不一定能力最强，但你一定要能组合一批比你能力更强的人。

我们判断一个领导的能力或领导力的标准，就是看他能不能驾驭比他能力更强的人。如果可以，这个人就是一流的领导，如果只能用能力比他差的人，那说明他的领导力水平还有必要提升。

刘备是三国当中最好的领导，他的能力可能远逊于曹操，却有能力在鼎盛的时候形成强有力的团队，对曹操的团队造成大范围的冲击。事实上就是因为他是一个优秀、卓越的领导者，尽管他各方面的专业技能都不是最强的，但是他的团队却是最优秀的，所以在团队最辉煌的时候有了三分天下的局面。

刘备和他优秀、卓越的团队所创造的辉煌业绩，已经载入史册，给我们中国一代又一代人提供了打造具有核心竞争力的团队的范本，不断地引发企业经营者们思考。

第三章 如何导入合伙人模式

思想不改变，成功难实现

第四章 合伙人类型、选择与股份分配

知己知彼，百战百胜

思想导入：升维

合伙人模式的导入是一门艺术。如果导入不好，可能会引起员工的误解。比如，你送给员工股权，员工说你这是在画饼；你给员工降工资、增提成，员工说你这是在变相剥夺他们的工资。所以，如果不能用正确的模式、正确的方法，那么合伙人模式将很难顺利导入团队。

那么，如何把优秀的合伙人模式导入到一个传统的企业，替代传统的雇佣模式呢？接下来，我们从以下五个方面进行阐述。

导入合伙人模式的第一步，是导入思想，也叫升维（升级思维）。导入的模式再好，也不要先谈模式，而是要先改变公司及组织的观念，尤其是管理团队和高管团队的观念。

如果在导入合伙人模式最开始你就对员工说，本来企业挣多少多少钱，现在我们不发工资和奖金了，让大家成为企业的主人，将来可以给你们分多少多少钱。但是，管理团队、高管团队说这是画饼，结果所有员工人心涣散了。管理团队、高管团队有错吗？他们没有认可企业领导人的理念，不了解这种利益模式的好处，所以自然不能接受。

所以，导入合伙人模式的第一步是改变公司团队、经营者的理念，也叫升级思维理念。

导入合伙人模式时应这样告诉他们：现在的模式是什么，缺点是什么，会给大家、给企业带来什么样的危害。未来时代需要什么样的模式，合伙人模式可以给企业带来哪些好处，给公司和团队带来哪些价值，可以使公司实现怎样的增长，怎么推动公司上市。这一切的前提是，我们必须突破，必须变革现有的模式，必须把这个传统的火车变成高铁，我们才能跑得更快，走得更远。大家的前途才更广阔，挣钱才能更多。

只有知其然并知其所以然，大家才会理解并愿意去做。所以，导入合伙人制度的第一步不是合伙人制度的变更，也不是合伙人利益体制的非制度的改革，而是改变这一群人的观念和思维。

而要改变一群人的思维，企业管理者和裁决者首先要成为企业或团队的教练，向团队和员工播下新思想的种子，清晰地表达新模式的来龙去脉和利弊，让大家轻松接受，并且主动期盼改变，想成为合伙人。这样才可以考虑开始导入新模式。

因此，在导入新模式之前，首先是导入思想，让老板成为团队的教练，成为新思想的传播者和布道者。好比要引水，就得先修渠，这是最基本的道理。所以，思想导入是导入合伙人模式的第一步。

模式导入：方案

观念改变过来了，但是后面没有清晰明确的落地执行方案，结果也是沦为一纸空谈。所以，导入合伙人模式的第二步是模式导入，制定方案。

所有的理念、思维、方法都必须通过清晰的计划、明确的目标、确切的方案才能贯彻落地。所以，在导入理念之后，公司的管理团队和核心团队必须有能力给公司制定出清晰的导入方案，也就是合伙人方案。到底公司要变成一个什么性质的组织？合伙到什么程度？是把所有人都变成老板，像任正非一样，把98.99%的股份都分出去，还是把高管变成合伙人，变成老板，其他人再考虑考虑，变成混合所有制企业？是半雇佣半合伙制，还是全合伙制？

不同的企业适合不同的模式，有的企业适合全合伙模式，有的适合局部合伙模式。如果是全合伙模式，那么公司要从上到下转变意识，所有员工都当老板，公司变成平台。这类公司也可以发展得比较好，比如直销类公司。

但有的公司不支持全合伙模式，只能实行局部导入，比如只导入团队高管，下面的员工无法导入。比如，沃尔玛这样的企业就不适合全合伙模式。所以，模式的导入要分行业、分性质、分阶段，先确定模式和方案，是全员方案，把公司变平台，还是局部方案，把高管变股东？

接下来，我们就对这两种模式进行详细阐述。

第一种，全合伙人模式。如果公司要进行全员导入，就要求公司是以个人为中心的，每个人都能产生价值，也就是说公司要变成一个平台型的组织。人人都成为发动机，利用公司的核心资源——平台和品牌，创造价值。这就是真正的平台式合伙人模式。

第二种，混合合伙人模式。因为企业不能够全部变成这种模式，企业依然有一定的雇佣关系存在，因此称为混合合伙人模式。所谓的混合合伙人模式的导入方案，就意味着公司一定要把高管和中层变成合伙人，主动发挥他们的积极性，然后把基层变为利益共同体，利用好的福利、好的待遇把基层员工的积极性调动起来。

这两种模式适合不同的企业，因此在导入之前，我们一定要把方案制定好。首先要明确企业的性质，其次是适合从上到下导入，还是从下到上导入，是全员导入还是局部导入，一定要把方案时间节点全部制定好，然后才可以导入。如果没有清晰的方案，没有明确的计划和目标，那么再好的理念都不能落地。

作为一个企业的经营者，你必须有具备完整制定合伙人模式和导入合伙人方案的能力，这也是把梦想变成现实，把理念变成行动的核心能力。

团队导入：定人

我们在公司导入团队的合伙人模式的时候，合伙人可不能乱选。就像老婆不能乱娶一样，娶错老婆问题很多，上下影响三代人。团队也是一样，如果选错了合伙人，同样鸡犬不宁。不赚钱有问题，赚钱了还是有问题，赚大钱了还有大问题。所以在导入的时候，一定要选对人。

我们都知道，合伙人就是事业的核心伙伴，是“一条船上的人”。所以在团队导入的时候，我们一定要定人。如：什么标准的人，什么品格的人，什么性质和岗位的人，哪些部门才能进入合伙人等，一定要把这些分清，尤其是创始合伙人的选择，非常重要。一个合伙人的选择足以影响企业的经营和成败，甚至衰亡。所以选对了合伙人，公司迅速变得强大；选错了合伙人，结果就是自相残杀，不堪设想。

合伙人的选择，不只有以前的模式的问题，还要因人而异，因时而异，因团队而异，学会定人。比如你团队里的哪些人是可以依靠的，这里有很多标准。记着选合伙人一定要选可靠的人，一定要选有担当的人，一定要选有责任心的人，一定要选能够为你所用的人。如果不是这些人，则是不可以选的。这是从人的角度。

从岗位的角度，你企业的营销部门、管理部门、人力资源部门、技术开发部门、运营部门、企划部门、产品设计和研发部门，这些核心部门是必须要导入进去的，不是和你关系走得近的人，也不是按你的喜好选人，而是按岗位的重要性来导入。一般来说，在中高层管理总监级以上的核心员工是都要导入的。

但是如果某个岗位非常重要，但这个岗位上的人没有远大的志向，或者没有和公司捆绑的动力，或者人品有问题，那就必须重新找到一个能够胜任这个岗位的人。如果这个岗位一直没有找到胜任的人，那么就会成为公司致命的短板和缺陷，会导致公司的衰退甚至死亡。

如果人很好，但是在这个岗位上能力不够，那我们就需要考虑，是否可以把他培养出来，将他作为备选人选。当然，最完美的还是找一个人品可靠、能力强大，能够在其位担其职谋其责的德才兼备的人。

团队合伙人一定要是人才，人才有三种特质。第一种特质是人品、责任、使命和担当，其中人品是第一位的，也叫品格的力量；第二种特质是才华、能力和智慧；人才的第三种特质是勤劳、汗水和坚韧。也就是说，我可能不是最聪明的，但我认真付出，执着奉献，任劳任怨地坚持。这种人也是人才。

这三类人才有梦想、有使命、有价值观，如何使用呢？具体的规则是：有德有才提拔使用，有德无才培养使用，有才无德限制使用，无才无德坚决不用。这也是中国传统的对人才的规范和使用方法。所以在选人和定人的时候，我们所选择的股东最起码要达到人才和趋向人才的标准，否则，可能耽误公司的前途。

记住：在定人的时候要以人才和能力为标准，要以岗位为标准，要以人品为标准，去选定合适的人，导入合适的机制，给合适的人该给的东西，给合适的人该给的岗位，给合适的人该给的权力和利益，把人才放在有用的位置上，让他发挥出最大的价值，这就是团队导入的核心重点。

制度导入：分配

理念导入了，模式导入了，还不能忘了实实在在的分配制度的导入。在这方面，很多老板都犯了大忌。比如，公司顺利导入了合伙人模式，结果到年终老板说今年公司挣钱不分红，留做明年再发展用，最后搞得股东们心灰意冷，合伙人也万念俱灰，散伙了。这给企业人力资源重建造成了巨大的成本。

所以在制度导入过程中，我们要非常关注一个关键词——分配。在理念、模式导入了之后，我们要签署股东分享协议、年终分红协议、奖金协议、期权协议、上市的奖励协议。不管公司发展到哪个阶段，都要根据股东权益分享的协议制度，建好存档，说到做到。作为老板，你必须记住：你可以不说，但你说到的话一定要做到，而且最好做到的还比说到的好一点。老板最怕的就是说到做不到，哪怕少说一点，但你不能失信，尤其是涉及员工切身利益的话，不能乱讲。

有些老板很喜欢讲大话，讲超越现实的话，但是如果讲多了，而且涉及员工的利益，那就要注意了。比如，你说如果员工好好干，到年底给员工分 100 万元，结果你给他分了 80 万元，虽然 80 万元已经很多了，但是员工只会记得你少分了 20 万，继而产生不好的情绪，不仅影响工作，甚至可能产生离职的念头。

在制度导入的时候，分配要非常严谨，因为利益人人都很关心。

一定要说到做到，让该得的人得到，确保付出者为大，以奋斗者为本，让创造价值者分享价值，让创造价值者拥有价值，让人才得到肯定。这是我们对分配制度的所有标准要求。

付出和得到永远成正比，尽管这个世界不公平，但是我们要想一切办法，通过不同的奖金、分红、提成，以及上市的期权和股权，长期的、短期的、中期的、近期的回报，尽一切可能地打造一个共享共赢的平台。这个平台是可以看得见摸得着的，可以与工资、晋升、奖金、提成和年终分红挂钩，甚至可以和上市的股东的权益彻底捆绑。

所以在制度导入的时候，我们要分层次地分配导入，包括工资的涨幅按什么规则，奖金提成怎么发放，到年终分红谁多谁少，岗位权重如何设计，上市期权如何设置，上市的股份如何分，等等，尽量将具体的标准写到协议里，把框架搭起来，形成制度。

很多老板说到没做到，标准不清晰，结果让合伙人模式导入流于形式，还不如不导入。所以在合伙人模式导入第四步要进行制度导入，要设计完善的多层次的激励机制、工资机制、奖金机制、提成机制、分红机制、股权机制，让合伙人导入从理念到模式到方案到收入层面全方位落地，这才叫真正把合伙人模式落地了。

阶段导入：层次

合伙人导入，是分层分阶段导入的，并不是一次能完全到位。很多导入需要周期，可能一个适应的阶段时长需要以年为单位。

老板说合伙人模式非常好，能让大家挣很多钱，但在开始没分到钱时，大家不一定相信。大家半信半疑地导入了，有的还是被动导入的，三个月过去了，没分到钱，一年过去了，分到钱了，马上就开心了。大家这才相信老板说的话是真的。合伙人模式，的确让大家的收入、地位提高了，让大家成为主人了。

所以导入是分阶段和周期的，不同性质的公司、不同的岗位，不同的收入分配方式给人带来的体验也不一样。只有收入体现出来，才能够彻底在员工和团队的心里落地。在中间过程中是没办法完全落地的。所以，导入要分层次、分阶段进行，万不可操之过急，不可用力过猛，也不可强制导入。一定要在理念导入之后，分层次、分阶段地导入，先导入高层，再导入中层，然后导入基层，最后再全员导入，逐步进行层次化、系统化深入，同时进行合理化。

比如万科的项目合伙人模式的导入，从高层开始，由分公司核心团队跟投项目，然后到中层和基层，不同级别员工投资限额不同，基层员工出资比例被控制在 5%。虽然这种模式属于临时投资型合伙，项目结束，合伙人团队解散，但是在地产这一特色行业，效果是显著的。

再比如连锁店合伙人模式的导入，包括连锁药店、连锁幼儿园、连锁服装店、连锁地产中介、连锁培训机构等的合伙人模式的导入，也是从高层开始，店长与核心骨干员工持有虚拟股份成为公司合伙人，并通过为优秀的合伙人设立合伙人虚拟股份或创业基金，导入中层和底层，留住并吸引人才，同时有利于公司业务的扩张。

在导入每一步的时候，我们要看到下一步，甚至下三步的情况。只有这样分阶段、分层次、有步骤、有顺序地导入，才能够真正把合伙人模式彻底地在团队中落地，最终沉淀在心里，生成坚信不疑的理念、信仰。当信仰和信念形成的时候，才是合伙人真正导入成功的时候。

经典案例：

万科的事业合伙人制度

万科最初是一家纯正的国有企业，经过股权改革及多轮融资后，第一大股东仍然是国有企业（华润集团）。而第一大股东华润股份有限公司作为财务投资者持股比例不足15%，并且不干涉公司经营，这就造成了公司股权意义上的实际控制人缺位。公司经营层，包括王石、郁亮等高管在内的管理层持股总数，还不及万科最大的个人股东刘元生（1.21%）。股权的高度分散导致公司极易被举牌或被恶意收购。

为了巩固经营层的控制权，同时更好地管理市值，防止恶意收购，进一步激发经营管理团队的主人翁意识、工作热情和创造力，强化经营管理团队与股东之间共同进退的关系，为股东创造更大的价值，万科开展了事业合伙人制度改革。

万科的合伙人制度采用了传统的股东治理路线，即通过增持公司股份加强经营层控制力。具体包括三个方面：

一是跟投制度，对于今后所有新项目，除旧城改造及部分特殊项目外，原则上要求项目所在一线公司管理层和该项目管理人员，必须跟随公司一起投资。员工初始跟投份额不超过项目峰值的5%。

二是股票机制，将建立一个合伙人持股计划，也就是200多人的

EP（经济利润）奖金获得者将成为万科集团的合伙人，共同持有万科的股票，未来的EP奖金将转化为股票。

三是事件合伙，根据事件，临时组织事件合伙人参与工作任务，项目中拆解原有部门职务划分，旨在解决部门中权责过度划分对企业整体长期利益的损害，跨部门“协同”联合找最优方案。

这一机制有四个显著的特点：

第一，设计不同层级的合伙人制度，掌握公司的命运。从2013开始，万科就按照“不同级别、不同比例”的原则，对万科各级雇员（包括高管层在内）的年终奖金进行了扣除留存，这笔钱在将近6个月后，被用于盈安合伙对万科A股股权的收购。首批1320名事业合伙人主要来自经济利润奖金计划的激励对象，包括公司高级管理人员，中层管理人员，由总裁提名的业务骨干和突出贡献人员。相关人员在自愿原则下可以选择参与公司的事业合伙人持股计划。未来公司会鼓励更多的员工参与到合伙人持股计划中。

第二，形成背靠背的信任。首先是管理层级扁平化，让每一位管理者能够直接听到最底层的声音。其次是整体的团队建设，区别于过去部门、个人、项目之间彼此竞争，相互扯皮，忽视整体效益的现象。

第三，通过事业合伙人机制做平台式架构，吸引并留住更多优秀人才，做大事业。

第四，通过事业合伙人机制将管理团队员工与股东捆绑在一起，利益共享，风险共担。

这一制度，无论是集团层面的持股计划，还是项目层面的跟投制度，从员工转变为合伙人，这种身份上的转变所带来的变化是显而易见的，能够更有效地激励经营层，改变管理方式，更好地解决投资者和员工之间的利益分享，不断地吸引优秀的合伙人加入，不断新陈代谢，保证团队是最优秀、最有战斗力的团队，从而把万科做得更大、更强。

万科事业合伙人制度，从本质上可以概括为以下几点。

第一，核心团队股权激励计划的强化。

万科设立有限合伙制的盈安合伙为操作平台，万科内部符合条件的各级雇员，以“自愿”方式成为盈安合伙的合伙人，将资金委托于盈安合伙打理，并由后者代为购买万科A股的股票，从而完成“事业合伙人计划”。不过在完成兑付的时限到达之前，合伙人如果从万科离职，将无法获得合伙人计划中的权益。

第二，盈安合伙的三种合伙人。

集团董事会成员、监事，以及高管和地方公司高管；集团公司总部一定级别以上的雇员；地方公司一定级别以上的雇员。这很好地解决了地产行业的区域地产项目的激励问题。

第三，对高管设置购买下限，对雇员设置购买上限。

事业合伙人计划是以万科A股股票为客体，以未来股价和购入时股价的差价为收益。基于这一点，万科为非公司或地方公司高管的员工参与合伙人计划设置了上限，即最多只能购买一定金额，以最大限度规避股价可能出现的波动给非高管雇员带来的潜在风险。而公司高管则被要求出资额不得低于一定数额，以确保高管阶层和公司发展利益的绑定。这是一种非常科学的制度设计，不过分偏袒高管，也绝不损害普通员工，这种平衡尺度拿捏得恰到好处。

万科的合伙人制度与阿里的合伙人制度不同。从公司性质看，阿里巴巴是一家民营企业，马云作为创始人和实际控制人，有意愿也有能力对公司进行改革，他设计的合伙人制度成功割裂了股权与控制权之间的联系，使阿里巴巴最大程度上摆脱了资本的控制，从而加强了创始人及其经营团队的控制力。

万科则是另外一种情况，现实情况使得经营层无法采用阿里合伙制那样的激进方案。首先，万科最初是一家纯正的国有企业，经过股权改革及多轮融资后，第一大股东仍然是国有企业华润集团；其次，万科的股权高度分散，第一大股东华润股份有限公司作为财务投资者持股比例不足15%，这造成了公司的股权意义上的实际控制人缺位；第三，公司经营层持股比例很低，包括王石、郁亮等高管在内的管理层持股总数，也不及万科最大的个人股东刘元生（1.21%）；最后，经营层的薪酬与其管理业绩相比仍显偏低，而随着房地产行业粗放管理时代的结束，地产企业越来越依赖经营层精细化管理的能力。

通过比对万科现状和事业合伙人制度，我们不难发现这个制度是经营层对万科现状做出的针对性措施，包括更有效地激励经营层、管理市值、巩固经营层的控制权、经营层填补股权意义上的实际控制人缺位，抵挡门口“野蛮人”。

万科总裁郁亮认为，事业合伙人制度不仅是一个简单的制度，更是一种发展机制、一种管理机制、一种分享机制，要解决的是万科未来十年的问题。

“我们通过事业合伙人机制，能够在未来十年里把万科的舞台越做越大，它将彻底改变我们的管理方式，而不仅仅是奖励制度，我们希望通过事业合伙人机制，更好地解决投资者和员工之间的利益分享。”郁亮表示。

第四章 合伙人类型、选择与股份分配

知己知彼，百战百胜

第五章 搭建合伙人团队的规则

不懂这些千万别合伙

合伙人的类型

合伙人进入公司的时间不同、性质不同、阶段不同，享受的福利待遇、所给予的权力以及发挥空间也都会不同。那么，如何界定合伙人的性质呢？他们不同的身份又意味着可以享受哪些权利，承担什么责任呢？

在企业成长和发展过程中，根据合伙人进入公司的时间、阶段和性质，可以将合伙人分为以下三种。

创始合伙人

所谓创始合伙人，就像企业的创始人一样，是企业的元老。是他们缔造了这个企业，企业就像他们的孩子一样。就像马云创造了阿里巴巴，任正非创造了华为，等等。

阿里巴巴今天的布局，是马云的发散思维能力及梦想决定的；华为的研发和创新、务实和严谨、铁血和狼性，是任正非的性格和军人的钢铁意志所决定的。所以我们可以看到，任何一个企业的文化基因、发展成长的色彩，都打上了企业创始合伙人的性格的烙印。这是一个永恒的事实。所以，创业合伙人非常重要。

如果创业合伙人能力强，控制型驾驭力强，不可能让资本入驻，宁可牺牲企业发展速度，他也不会让资本控制。如果创业合伙人爱分享，喜欢利他，又比较平和，可能会把股权大部分让给团队和投资人，自己可能占得很少。所以合伙人的心态、定位、能力、性格品行不一样，股权的架构、找到的团队事业合伙人、引进的资本方向、公司的发展路径也会有很大的区别。

所以，创业合伙人是企业成败的根本。有什么样的创业家，就会造就什么样的企业家。有什么样的创业者，就会诞生什么性质的企业。一个创业公司的发展速度和存活能力，就取决于企业家或企业创始人的能力和核心竞争力。一个企业的风格、文化及发展的方向，取决于一个企业创始人（老板）的性格、爱好及梦想情怀。所以，创始合伙人决定了企业的未来。

事业合伙人

所谓事业合伙人，就是在企业发展过程中，为了把事业做成做大，找到的那些有能力的人，如阿里巴巴的“十八罗汉”。这些人不可能满足于领个工资、发个奖金，必须给他们以事业、给他们以权力、许他们以未来。

换言之，事业合伙人就是一起为干千秋大业而来的，如要把公司做上市，要干一些让这一生回味起来都感觉骄傲的有价值有意义的事。他们通常分布在人力资源、管理、运营、营销及财务资本运作的核心岗位，占据公司的核心位置，同时也获得公司的股权和期权，这类人就叫作事业合伙人。

事业合伙人决定了公司的基因和命脉，决定着公司的成长、发展和未来。公司的核心和成败取决于创业合伙人，但公司的发展和成长速度取决于事业合伙人。

事业合伙人是具备一定远大的梦想，有专业的技能，想干一番事业，又不具备独立干事业能力的人。他们需要借力创业的模式，加入一个组织或一个团队。

那么，事业合伙人有哪些特质呢？第一，事业合伙人肯定是有能力和水平的，不满足于打工的；第二，这种人肯定有远大的梦想和事业追求，不满足眼前的需要，需要更高的价值来牵引和引领；第三，这类人又有获得一定的物质和财富的能力，走到哪里都能赚钱，他们也不受制于某一个人、某一个公司、某一个平台，这才是构成事业合伙人的核心的、基础的内在条件。

一个人是什么样的事业合伙人，要多少钱要多少股份，取决于他跟的人。跟不同的人在一起，他选择的东西就不一样。有的人跟对人，工资低也愿意。这是很正常的事情。而有些人可能更看重的是干出事业的愿景和未来活着的价值和意义，他需要平台和机会。

同样是事业合伙人，有些人选择平台，有些人选择人，每个人的动机都不一样，但核心要素都要和团队匹配。第一，要拥有很高的专业水平，能够成为独立的不可或缺的一部分，不可代替。如果有几个人水平都比你高，你就别去了，去了也没用，没有发言权。第二，一定要和团队领导的性格兼容。如果你和领导性格相冲，那你能力再强，最后也得远走他乡。只要事业合伙人把这两方面做好，你才具备成为核心一员的能力。这是决定事业合伙人成败的地方。

资本合伙人

在公司成长和发展过程中，可能还需要一类合伙人，即资本合伙人。在阿里巴巴的成长和发展过程中，马云除了有“十八罗汉”事业合伙人，后来还引进了雅虎和孙正义，像雅虎和孙正义这样的就叫资本合伙人，也叫投资人。

有钱的出钱，有项目的出项目，有力的出力。有项目出项目的叫创业或创始合伙人，有力的出力的叫事业合伙人，不参与项目只出钱的就叫资本合伙人。

资本合伙人就是投资人。选择一个好的投资人非常重要，不仅导入钱，还导入了资源，还能给你提很多好的建议、好的策略。在你困难的时候可能鼓励你，再给你提供更大的帮助。不好的投资人，平时可能管理你、限制你，在你遇到困难时可能拔腿就跑，在企业缺资金时甚至还收紧银根。所以，资本合伙人选好了，对企业是一种成长和助力，选不好，是给自己和企业套上紧箍咒。

很多传统企业就牺牲于资本之手，因为导入资本，结果管理失控。如大娘水饺、俏江南、真功夫、国美等，都在引进资本和资本博弈的过程中，失去了企业控制权，甚至创始人坐了牢。

所以资本合伙人引进的观念要看资本的性质以及资本合伙人自身的属性、格局和胸怀。如果资本合伙人是一个唯利是图的人或投机的人，以钱为目的，那么这个人不可以大合作，否则一旦引入核心层，势必对企业造成战略性的伤害。而且，让这类投资人进入公司的团队，成为公司的合伙人，还有一个前提条件：一定要剥夺他们的投票权。这类投资人一旦进来，无异于引狼入室，会给市场、公司和团队造成伤害。所以，资本合伙人一样要考察人品。

我们引进资本的时候，不能说企业需要钱，谁给钱谁就是老大，这是不对的。要像相亲娶老婆一样，要看这个人的背景、资源、实力，还要看这个操盘者或操盘团队的风格、文化基因，尤其是核心控制人的思想价值观。如果这个人的性质和人品格调不是那么高，那么再有钱也不要引进。可能短期内，这类资本的引进的确能解燃眉之急，但是长期来讲，会带来更大的隐患。

如何选择合伙人

在合伙人的选择上，我们需要根据不同发展阶段不同的需要选择相应的合伙人。创业合伙人、事业合伙人及资本合伙人，三类合伙人都要平衡好。

创业合伙人的选择

对于创业合伙人，我们更看重他的梦想、执着和愿景。为钱而创业的人，最多算做个生意；为梦想、事业、价值、愿景和使命而创业的人，可以成就事业。所有创业成功的人都需要顶住巨大的压力，战胜重重的困难，需要有梦想、有目标、有信念，甚至亏损时不得不卖掉自己的房子继续创业。

所以，如果创始合伙人没有伟大的梦想和信念，公司是很难走出来的。因为在公司发展成长的路上，会遇到重重困难，只有拥有超人的毅力、精神价值的力量，才能让它顺利扛过创业早期的寒冬，实现当初的梦想。

事实上，很多伟大的公司，你不要看它们现在多么辉煌，创业的时候也都是摸爬滚打着走过来的。如马云曾连续 4 次创业失败，最穷的时候账户里只有 2000 元人民币，任正非也有过发不出工资、吃不上饭的时候，等等。所以创始人如果没有远大的梦想、使命、责任和情怀，只为赚点小钱而创业，那是不可能获得巨大成功的。

创业过程中遇到困难是正常的，能笑到最后的一定是坚持梦想、永不放弃的人。而这些战胜强大困难的内在驱动因素已经不是金钱，而是来自生命的力量、灵魂深处的力量。

所以，创业合伙人或创始合伙人非常稀缺，它要求有坚韧的品质、执着的梦想、务实的精神，同时又具有开拓一切的勇气，还有战胜强大困难的精神和毅力，才能够真正把小公司做大，把大公司做强，甚至做成上市公司，做进世界500强。表面上看是市场，是机遇，是项目，是产品和研发，背后全是梦想情怀、高度毅力、思想信念，以及顽强的意志力。这是创始合伙人所具备的特质。

事业合伙人的选择

事业合伙人，首先一定要有能够胜任专业岗位的能力，如果你不具备专业的岗位能力，那么企业发展壮大，你就胜任不了。因为你是短板，你会成为企业的阻力和隐患。没有金刚钻，就别揽那瓷器活儿。如果你没有一技之长，那么这个企业的位置就不属于你。所以，成长的大公司要求必须是专业能力优秀和卓越的专业岗位人员成为事业合伙人，由他们独当一面，如管理人员懂管理，营销人员营销最专业，技术人员开发能力最强，等等。

其次，事业合伙人还要具备另外一种更高的水平和能力，叫大局观、团队意识、团队精神、责任担当及使命感。一个要成为事业合伙人的人，要忘记自我，以团队为中心，要有担当，有责任心。虽然公司不是你的，但你要把它当成自己的。只有你把公司当成自己的公司的时候，你才会全力以赴，才能给公司创造源源不断的价值。你的潜能也才能充分被激发出来，你的事业价值才能发挥出来。

此外，还要具备人才的第二种、第三种特质，才华、能力和智慧，以及勤劳、实干和务实。这些都构成了事业合伙人的条件。

资本合伙人的选择

资本合伙人，不仅要有钱，还要有利他之心。你不是因为想赚钱而投资一个企业，而是因为想做成一件事才投入这个企业。只有真正想服务社会，让资本的价值能够给团队和公司带来能量，你才能投入这个企业。如果只想控制一个企业，控股一家企业，而去做这个企业的资本合伙人，那么将来一定会给公司、给团队造成伤害。

因为无论作为天使投资人，还是天使合伙人、投资家，都需要有智慧、德行的引领。如果你在思想上不能超人一步，没有利他精神，没有善利万物而不争的精神，你就不可能去浇灌这个种子，投资一个小的企业。

在企业成长过程中，引进资本分阶段A轮B轮C轮的助力就像一个种子一样，引进水源，不断地浇灌，直至它从种子发芽，长成小树苗，长成参天大树，开花结果，上市丰收，成就万世不拔之业。这整个过程可能需要多轮资本的相助，你一定要有奉献于它、服务于它的精神，然后才能够完成资本的裂变，最终才能和企业形成双赢，形成合力，开出胜利的花果，收获丰厚的投资回报。

不同类型合伙人的创业途径

创始合伙人、事业合伙人、资本合伙人的性质不同，创业途径也不一样。

创始合伙人独立创业

创始合伙人是独立创业模式，排除万难，勇往直前，需要具备资金、团队等各个方面的启动条件，承担着无数的压力。所以，所有的企业家都是受人尊敬的。因为他们吃了太多的苦，扛着很大的压力，钱少的时候不是他们的，钱多的时候都是社会的，和他们也没有关系。他们付出青春年华克服的困难和阻力，可能我们远远想象不到，承担的压力和责任，可能不是我们每个人能承受的。

不要羡慕他们的财富，他们每天不停地努力工作，所创造的财富，对他们可能就是个数字。他们创造了社会价值、团队价值，而自己所能用的物质价值是非常有限的。比如七十多岁的任正非，依然在前线不停地拼搏，每天忘我地工作，他工作是为了钱吗？和房子、汽车有关系吗？可以说他挣的钱和他没有多大关系。但是，因为他的存在，每年中国会增加十几万的就业机会，拉动了强大的内需；因为他的存在，每年国家能多收上千亿的税费，充盈了我们的国库，提高了我们的国力；同样，因为他的存在，中国出现了世界

500强企业和自己的品牌。无论是从物质上到精神上，还是在企业层面，都为这个社会为国家为企业注入了活力，同时给华为的17万员工提供了就业和高额收入的机会，给华为的数十个团队，提供了年收入几百万、上千万收入的机会。

所以，企业做小了是自己的，企业做大了是国家、社会和团队的，和自己没有关系。因此，所有的企业家都是值得尊重的。他们的存在不仅为了自己，而且为身边所有认识和不认识的人也带来了光芒和温暖。

事业合伙人借力创业

事业合伙人的主要创业模式，是借力创业模式。就是说，借助别人的平台、别人的项目、别人的资金，把自己的能力和品格嵌入进去，成为其中的一员，快速地为公司添砖加瓦，成为不可或缺的一部分，和团队一起共同获得事业价值和终身价值。

这种合伙也是值得尊重的，因为他们比较明智，选择这种模式，既降低了风险，同时还获得了事业的价值、人生梦想的价值，超越了个人打工层面的工资价值。一个人在工作的过程中，至少可以实现三个层次的价值：工资价值、成长价值、事业价值。事业合伙人是全部得到了，而普通人不明白这个道理，在一般的公司工作，只能得到工资价值，一辈子挣不了多少钱，买不起一套房。能够拥有事业价值的人是幸运的，因为他们最智慧最有眼光，能看到公司的未来，最终他们也收获了常人所不能收获的财富和未来。

资本合伙人用资本创业

而对于资本合伙人，他们可以把金钱投入到更能增值更需要它们的地方。比如，要找到未来的种子基金、种子项目，找到能够成为企业家的人，能够成长为上市公司的行业，选择风口的行业进行投资，等待开花结果。

同样是借力创业，借助项目把资本盘活，甚至重生，通过股权投资的方式，通过产融双驱的方式，获得这个世界上“不劳而获”的最大的回报。用资本创造价值，用钱去生钱，实现被动收入，而不仅仅是主动收入。甚至被动收入比主动收入还多得多。所以，这个世界上很多老板在公司上市之后都去做投资，做基金，做风险投资，甚至做天使投资。

可见，资本合伙人是幸运的，站在时代的风口，享受着资本的盛宴，然后可以“不劳而获”。同样投点钱，种子选对了，企业不用干活也能赚很多钱，就像孙正义在 17 年前在阿里巴巴投了 2000 万元人民币，在阿里巴巴上市的时候变成 570 亿美金，折合成人民币近 4000 亿元。

不需要劳动，只需要靠眼光，一样能够发财。所以，资本合伙人也是这个世界上很幸运的人，他们用资本的高度，用钱去生钱，用智慧去生钱，让资本和产业完成完美的接轨，实现另一种财富的增值。

不同类型合伙人的股份分配

无论是创始合伙人，还是事业合伙人或资本合伙人，他们都属于公司早期风险的承担者和价值贡献的输出者。在人力资本或互联网轻资产驱动的初创公司，早期做股权架构设计的时候基本上都是围绕着基于人力资本价值输出的高度认可。

因此我们说，科学的股权架构和股份分配要满足早期这类人的诉求。那么，如何有针对性地进行股权架构的设计和股份分配呢?

身股

所谓身股，意思就是你在岗位上，就有你的股份，并享受相应的分红和福利待遇；你不在岗位上，就没有你的股份。比如，你在某公司，公司根据你的能力给你一定比例的股份，你可以按股份享受相应的分红、福利待遇，以及上市后的分红。但是你离开公司后，你就不再享有股份和相应的分红和福利待遇。

也就是说，员工即使不出钱，也可以通过能力、才华和定位成为实际的股东。

在古代，晋商使用的股份就是身股。现在，中国也有很多公司的高管是享受身股的。身股是一种很好的股份模式，既留住了人才，绑定了团队，又体现了价值，同时让公司和人才实现双赢。

所以，身股是股份存在的一种主流模式，是企业股权性质的一种蜕变。正是因为身股的存在，才可以让人才不需要出资金，也能融入公司，让企业也可以留住人才，完成人才和企业的完美结合，推动企业的成长和发展，同时又给人才提供了更多的事业、财富机会和财富价值。

实股

所谓实股，就是实实在在的股份，承担股东的责任，享受股东的权益分红。上市后享受增值、年终分红、亏损的时候也按比例承担责任。实股一般是由公司的实际控制人掌管的。

当然，这种股份的性质，在上市的运作过程中，也有另外一种情况。比如有些人享受股份的权益，但不一定能享受投票权。比如经营管理权和投资收益权分开，比如京东的AB股，B股的投票权和A股的投票权不一样。你可以有很多股份，但是你的股权的投票权被别人代替了，某些权力可能不是完全平等的，但是享受分红和资本回报的权益是平等的。

这是企业管理的另一种进步，因为有钱的人不一定有引领企业、创造未来的能力，有能力的人不一定有钱，所以各自发挥所长，让有钱的人投资企业，享受资本收益；让有能力的人管理企业，享受创造价值收益。

所以，把企业的管理经营权和资本收益权分开，这是科学管理的一种进步。

期股

所谓的期股，也是企业采取的激励员工的一种方式。这种激励可以针对高管，也可以是中层，还可以是某些岗位的基层。就是说，你参与了公司的发展过程，不仅享受奖金提成、工资等各种福利待遇，而且当你工作一定年限后，公司还会赠予一定的股权。这个股权是未来预期可得到的收益，所以称为期权，也叫期股。期股的变现有一定的年限要求，并且需要分阶段去变现。

期股，不仅适用于公司的核心管理人员的激励，也适合用于新的管理中层和中低层管理干部。一个好的发展公司，一定有伟大的愿景和使命，一个走上正轨的稳定赢利和增长的公司，都有上市预期。事实上，大家更看重的不是今天的工资，而是希望进行资本的造富。

对于一家公司而言，有期权和没有期权对人才的牵引力完全不一样。期权，这是用公司的未来创造现在的价值，既没有损害公司的价值，还吸引了人才，对于锁定未来的人才，对于已经进入成长轨道高速发展的公司是非常有帮助的。这种激励方式被普遍运用于各种未来有潜力上市的准上市公司。

那么期股和身股、实股有什么区别呢?

刚开始创业的小公司，还没有开始赢利，就不适合以实股激励员工，因为公司的未来还不明确，员工的流动性也会比较大，给员工实股可能会造成因员工流失而导致股权流失的风险。这时候只适合用身股激励员工。员工在公司，那么他就享受相应的分红，如果不在则不享受分红。期股不享受分红，它是到一定的时间才享受分红权和股东权益，对于刚创业公司的新员工，他们一般看不到公司的未来，更加注重眼前的利益，所以期股也不太合适。

在股东权益分享计划当中，我们可以把公司的所有重要部分都纳入进去，以期权的方式呈现出来。这样，公司不仅有现代价值，还有未来价值，而且也给了员工更多的期待和回报。当员工参与了公司的发展事业，并且公司又获得了成功，若干年以后，获得了相应的期权的回报，这是对人才价值的肯定，充分体现了人本文化和人本信仰。

所以，身股适合在公司创立初期导入，期股在公司成长阶段再导入最好，而实股主要是针对创始人和投资者的。这三种股份的性质、阶段、适合人群都不一样，所以我们要根据合伙人的性质，明确不同的合伙人享受的不同权益，承担的不同责任，在不同的阶段把公司的股份导入不同的性质，然后用合适的激励方式，与创始团队、股东分享公司的权益，彻底实现利益捆绑和共赢。

经典案例：

雷军如何找人、管人及留人

说起雷军，人们或许不知道他是金山的董事，但是一定会知道他一手创建起来的小米。

年过四十的雷军，重新踏上创业路，如何在短短4年时间之内，在一个并不专业的领域，为小米打下了一片天地，创造了一个又一个业界传奇呢？

这与雷军在找人阶段的“正确投入”是分不开的。对于创业公司而言，找人是无法避开的难题。特别是早期的核心人才，更需要创始人下大功夫去寻找。

如何寻找合伙人

雷军认为，要么花足够的时间找人，至少70%的时间；要么把现有的产品和业务做好，展示未来的发展空间和机会，筑巢引凤！

小米创立初期，规模小，甚至连产品都没有，如何组建极强的团队，如何获得对方的信任？所以在最开始的半年，雷军将80%的时间都花在找人上。他用Excel列了很长的名单，然后一个个去谈。他认为，要用就用最优秀的人才，尤其是核心人才，一定要不惜血本去找。这些优秀的人才大多事业已有所成，你要让他们自己去发现答案，为何要舍去目前的一切和你一起去做看似“疯狂的”事情。

雷军认为找人有两个核心要素：

第一，找最专业的人。

乔布斯曾经说过：“我过去常常认为一位出色的人才能顶两名平庸的员工，现在我认为能顶50名。我大约把四分之一的时间用于招募人才。”

雷军在创业时也深谙此道，在成立小米之后，雷军在不同的领域找了7个合伙人，分别来自金山、谷歌、微软、摩托罗拉等。其中林斌、黄江吉来自微软，技术实力深厚；洪锋之前是中国谷歌的第一产品经理；黎万强是雷军在金山的老部下，擅长营销和交互；周光平在摩托罗拉有着多年的硬件开发的经验；刘德是美国艺术设计中心学院（Art Center College of Design）工业设计硕士，分管设计。七人各司其职，在成立一年多的时间里便打造出爆款产品Mi1。小米也从此乘上火箭，估值水涨船高。

第二，找最合适的员工。

所谓最合适的员工，主要是指要有创业心态和创业精神，对所做的事要极度喜欢，有共同的愿景，这样就会有很强的驱动力。

三个月的时间里，雷军见了超过100位做硬件的人选，终于找到了负责硬件的联合创始人周光平博士。第一次见面，两人一见如故，从中午12点一直谈到晚上12点。后来，周光平博士说，他愿意加入小米的最后一锤子推力，是雷军说必要的时候，他可以去站柜台卖手机。所以，在寻找合伙人的过程中，充分的沟通可以让创始人了解候选人，也可以让候选人了解创始人到底有多想做成一件事情，这是一个相互了解和相互选择的过程。

找到合适的合伙人不容易，但是磨刀不误砍柴工。我们不能因为怕浪费时间，就不竭尽所能去找。雷军每天都要花费一半以上的时间用来招募人才，前 100 名员工每名员工入职时雷军都是亲自见面并沟通的。这样招进来的人，都是真正想做成事情的，所以非常有热情，会有一种真刀实枪的行动力和执行力。

在小米创业初期，全体员工都投了钱，占有一部分股份。雷军认为将员工变作股东，员工的创业心态就会自我燃烧，会有更高的主动性，这样就不需要设定一堆的管理制度或KPI考核指标。

正因为每名员工都有了主人翁的意识，这才使得他们能像打了鸡血一样将热情和激情投入到工作之中，也让小米在初期跑得如此之快。

创业团队如何管理

小米的组织架构没有太多层级，基本上是三级：七个核心创始人—部门领导—员工。而且不会让团队太大，稍微大一点就拆分成小团队。除七个创始人有职位，其他人都没有职位，都是工程师，晋升的唯一奖励就是涨薪。不需要你考虑太多杂事和杂念，没有什么团队利益，一心扑在事情上。

小米公司有一个理念，就是要和员工一起分享利益，尽可能多地分享利益。在员工薪酬方面，小米给了员工足够的回报：首先，工资水平接近中上；其次，小米在期权上有很大的上升空间，而且每年还有一些内部回购。所以，小米团队是既有压力，又有满足感。

在员工管理方面，小米不设KPI考核制度。雷军认为KPI考核带来的晋升制度会让员工为了晋升而做事情，从而导致价值的扭曲，为了创新而创新，不一定是为用户创新。严重的话甚至会引来内部的恶性竞争。

小米在公司内部强调责任感，即每个人都要对用户负责。这样会使得员工之间能有共同的价值观，从而利于协同合作，提升效率。

如何留住核心人才

有竞争力的报酬并不等于重金、高薪，雷军制订了一套组合方案。邀请任何人加入的时候都会给三个选择条件，他们可以随便选择：

第一，你可以选择和跨国公司一样的报酬；

第二，你可以选择2/3的报酬，然后拿一部分股票；

第三，你可以选择1/3的报酬，然后拿更多的股票。

实际情况是：有10%的人选择了第一和第三种工资形式，有80%的人选择了第二种，小米工资“2/3的报酬”也是不低的，足够员工照顾生活，因为他们持有股票，非常乐意与创业公司一起奋斗，共同成长，战斗力也会很强。

小米初期的员工，每个都投了钱，大家是破釜沉舟，真正愿意参与到创业中。小米创始人雷军曾这样描述：“当时我每天都‘战战兢兢’，因为每个员工都可以到办公室去问，‘雷总，我们公司办得怎么样了？’但也正因为这样，大家花自己钱的感觉是不一样的，不会轻易把钱打水漂。”

大多创业者找到人以后，会有一个新问题出现。企业在发展，你追求的目标比你现在的能力总是要高一些，你会发现，很多岗位的人都不合适，同时又付不起很高的价钱来请人，只好小马拉大车。因此，创业企业的管理者一定要学会宽容，学会用放大镜看优点。

也许这个人的确不匹配这个岗位，但你要容忍他现在的能力和他身上一些不完美的东西，然后告诉他应该达到什么样的高度，再通过学习和培训帮助他提升并适应岗位。

第五章 搭建合伙人团队的规则

不懂这些千万别合伙

第六章 构建合伙人组织

从改变创始人理念开始

出力规则

合伙人的规则有很多，我们不可能把所有的规则都一一列出，但是我们可以把每一个环节最核心的规则给大家总结提炼出来，希望能对大家起到借鉴作用。

首先，要想搭建一个好的完整的有未来事业价值的合伙人团队，必须有规则。没有规则，不成方圆。一个强有力的合伙人团队，就意味着要驾驭一群能力很强的人。这一群能力很强的人，每个人都有个性，每个人都有关联，每个人都有能力，每个人性格、爱好、价值取向都不一样，利益分配也有不同。我们很难做到统一所有人的思想，我们只能去学着做一个管理者、领导者。

要想把合伙人团队管理好，就要驾驭目标，驾驭方向，求同存异，保证组织目标的实现。我们不可能把每一个人都变成同一类人，这显然是不现实的。而保持独立性的同时，还要保持团队的共性，统一共同的目标和愿景，然后用好的规则把它编制起来，大家才能按照共同的步调和节奏向前进，围绕一个目标，快速地取得突破。

古代有一个成语叫狼狈为奸，这里我们把“奸”理解为坚强、坚硬的意思，即“狼狈为坚”。

狼和狈团结在一起，就形成了一股无坚不摧的力量。狼，充满了狼性，适合进攻突破，适合做领头羊，做老大，做销售总监，做管理和总裁。而狈呢，至少要墨守成规，易管理，可能不是全方位的管理天才，胆识、魄力也不够，但在细节的地方能够精耕细作，具备正确的执行能力，能够在未来的某些板块完善自己的不足。狼和狈合在一起，就是“狼狈为坚”，变得无坚不摧，形成攻守强大的均衡。

通过这个小故事，我们可以了解到，一个企业的发展过程中，出力的规则是让每一个人在最合适的位置上，发挥自己的长处，把每个人的长处都利用起来，当作一块长板，围成一个木桶，就可以盛很多很多水。

成功不需要把每个人变成完美主义者，但是可以把一个团队变成完美主义者。这就叫没有完美的个人，只有完美的团队。也就是说，在出力的过程中，要根据每一个人的特长，把他放到合适的位置上，让他发挥出自己的价值，做最好的自己。

记住：垃圾是用错位置的宝贝。不苛求他人的短处，每一个人都可以是人才。一定要有这个理念，懂得团队的力量大于个体力量的总和，即 1+1>2，2+2>4。

把所有的团队合伙人成员组织起来，让他们形成合力，力往一处使心往一处想，这个也叫目标一致方向一致，同心同德，就可以产生出巨大的力量。

所以，出力的规则有三方面：

第一，确定每一个参与者都要用力，都要尽力，都要全力以赴，不可以三心二意。如果一个人吊儿郎当，犹豫徘徊又不用心，只是在混日子，那么这种人必须清除出组织。可以继续保留他的股东分红权益，但不可以待在这个组织中。

第二，每个人要出不同的力，要把自己的优点的力使出来，然后用自己的长板弥补团队的短板，把人才放到合适的位置上，让他发挥出光和热。

第三，要发挥群力的力量。出力不是发一个人的力，不是几个人围绕一个人，是团队的合伙人围绕共同的目标去发力。很多人搞错了，几个团队的核心成员分帮结派围绕某个人去发力，结果发偏了，所有不以组织和公司目标为实现的目标，都是伤害公司和团队的行为。

综上，出力的原则是：第一，一定要赴全力，这是态度问题；第二，一定要全力以赴把自己的特点发挥出来，这是能力问题、专业问题；第三，一定要赴群力，这是团队性质问题。

如果能把这三种力搞清楚并融合起来，那么就可以彻底、快速地发挥作用，让团队的战斗力大于个人，进入完美团队的状态。

分股规则

在合伙公司的成长和发展过程中，股份怎么分？很多老板有胸怀，但是不会分，分不好。下面的员工想分，分不到。上面的老板有心无力，没办法把水送到需要喝水的人的口中。所以，掌握分股权的方法非常重要。

企业的类型不同，分股份的方法也不同。通常，我们把企业大概分为三个类型：资源驱动型、资金驱动型和人本驱动型。

不同的企业，股份的分配占比也完全不同。举个例子，假设是资源驱动型企业，我们以国有资源型企业为代表，如烟草公司、中国石油、中国石化等，如果企业是国家的，就是国有控股。如果企业是个人的，个人就可以控股到八九十，都是可能的。资金占小股，人力占小小股，因为这里人的作用和功能要小很多，资源控制占据主导作用。所以，股份的多少取决于价值的贡献。

同样，如果你是一个天才，是个很有能力的人，那你适合去一个人发挥主导作用的企业。比如，乔布斯在这样的企业就无法发挥出他的作用和潜能，更加研发不出苹果。所以，资源型的企业就是资源占大股，资金占小股，人力资源占更小股。这是企业的性质决定的。

如果是资金驱动型企业，如基金公司、投资公司，那就不一样了。这里面资源就占小股，因为资源本身不能做投资。资金占大股，因为资金是第一生产因素，没有资金，能力再强也没用。其次，人才占第二位。好的资金投到好的项目里，靠人才去运作，靠人才去发现，靠人才去管理，不同的人管不同的资金，会得到不同的结果。所以，资金驱动型企业，资金占大股，人才占小股，资源占更小股。

但是，如果你的企业是人力资源型企业，是人本型的——比如，我的公司是智慧创造型公司，产品就是智慧产品，那我们按什么分配股份呢？那就是智慧占大股，人力占大股。如果是一个技术研发型公司，公司有一个技术大咖，就像乔布斯之于苹果一样，那这个人一定要占大股，因为他是决定成败的关键因素。这时，资金其次，占小股；资源再次，占第三类小股。

所以，我们可以看到，从资源密集型到资金密集型，再到人才驱动型，企业的核心竞争力需要依赖的资源不一样，生产力创造的核心价值的核心点不一样，所以股份配比的驱动也不一样。

总而言之，股权的比例和贡献的价值是成正比的。以奋斗者为本，变成以价值输出为本，让股权的价值分配永远合理化。这个世界没有绝对的公平，但永远在趋向公平。所以在不公平中寻找公平才是最好的公平。

执行规则

一个企业有很多人，一个老板、几个合伙人，大家既是朋友又是伙伴，那怎么去执行呢？

有的人不听话，很难管，又不好管，罚款丢面子，发脾气、拍桌子又伤人情，所以说公司一旦合在一起之后，你会发现很多老板就会遇到一个瓶颈问题——规则的执行问题。好多方案不好落地，说的话没人积极响应，执行起来有意见有分歧，执行力效率锐减。这是很多合伙人都遇到过的问题。

作为公司的老板或管理者，你必须在创建合伙人团队时立下一条铁规。比如：几位合伙人股份、身份都差不多，性质也一样，大家都是平级的，但是选出总经理之后就必须听总经理的，必须严格服从和执行总经理的指示。我们必须授予他这个权力，并且给予他足够的尊重，一定要有大局观，有服从意识。在方案没有确定之前，大家可以争可以吵，但是一旦总经理拍板了，大家就必须听他的。大家必须把各自的自我收回来，以服从整体和大局观为主。

如果人人都坚持自己的看法、想法，那公司的组织目标就会瞬间被撕得粉碎，公司的目标就很难实现，最终伤害的就是公司所有的团队和合伙人。所以，所有的合伙人都必须认定规则，而不能认定人情，不能说我在公司贡献多，在公司服务久，跟老板关系铁，我就可以拍桌子，可以违反规则，可以不听使唤，可以挪用专款，这是肯定不可以的，这些行为都要统统拒绝。

我们一定要建立下级对上级绝对服从，上级对下级绝对命令的规则，这里不讲人情，只讲规则，以绝对的权力为中心，以领导力为中心。这种强大的执行力和决策力，以及强大的控制力，是驾驭一个企业开疆拓土走向市场的源泉。如果企业的执行力、决策力得不到保证，企业的领导力得不到贯彻，那再好的方案都不能落地，再好的策略都化为空想，所有的目标都不能实现。

一个企业如果没有执行力，它就没有创造力，终将被市场淘汰，因为所有的结果都是做出来的，执行决定成败，赢在执行。说得好，不如做得好。只有把企业的思想理念和行为模式、思维模式完全统一的时候，这个企业的组织目标才能按照企业的领导方向前进，也只有在把合伙人团队用好的模式和机制规则建立起执行统一模式的时候，才能保证整个合伙人机制的高效运转和强力执行。

执行力是企业的核心竞争力。企业要建立起自上而下的执行规则、服从规则、建议规则、权力分配规则，以及奖罚规则，一定要认规则不认人。谁在这个位置上，我们都要按规则行事，不扯私情，不谈私利，和个人无关，全部以组织目标为前提，这叫大局观，也叫团队精神，更是协作意识。

这是作为一个企业的合伙人、高级职业经理人和高管必须具备的职业素养和专业品质。

领导规则

我们都知道，企业的发展不能没有领导，领导就要有领导的规则。领导规则不清晰，领导便做不好领导。

金山是中国知名的软件公司，这个公司的领导人有两个：一个叫雷军，一个叫求伯君。一个是技术天才，一个是运营交际沟通管理的高手。仔细看一下这两个人的分工，一个负责技术，研发产品设计；一个主要负责沟通、管理、运营、销售，做团队的搭建。

尽管两个人都是领导，是联合创始人，但是他们的定位不一样，一个领导的是产品和技术，另一个领导的是管理权和运营权，形成互补。若干年之后，两个人在中国一度成为金山软件双雄，创造了一个行业的团队合伙人的佳话。

如何在合伙人团队当中快速高效地决策呢？

第一，一个团队首先必须有一个好领导。没有一个好领导，很多决策就拍不了板。遇事开会商量浪费时间，降低效率。有一个高瞻远瞩的好领导，就可以迅速做出正确的决策，提高的就是企业的竞争力和效率。很多公司会议非常多，不是讨论问题，而是浪费时间，恰恰反映了公司的领导者没有领导力和决策力，公司运作效率低下。

如果要组织大家开会，对于80%的议题，领导要有相当预见性的解决方案，你才能找到探讨的方向。除非专业性、技术性的问题，其他常规的运营管理问题，必须心中有方案才去开会，否则，开会就是浪费时间。

公司的时间也是有成本的，如果你的公司用的是一群没有领导力的员工、管理干部，天天在会议室里浪费时间，你的公司将会入不敷出，最终将被市场淘汰，这就是残酷的现实。所以，一个公司必须有强有力的、有决策力的领导。只有高瞻远瞩、运筹帷幄、有决策力的领导，才能迅速拍板决策，给公司带来快速成长。

第二，公司要避免多头领导。一个公司有好多人说了算，就相当于谁说了都不算。这样的公司注定无法做大做强。

多头领导，就意味着没有绝对的权力和绝对领导力的人，意味着管理权力的多层的稀释、效率的多层次递减，意味着这个组织是一个中庸而没有效率的组织，最终将被市场淘汰。

所以，一个公司最好是有一个人拥有绝对的实力和决策力，但是他要有正确的方向，而且要有两三个人能够影响到他，在一定程度上可以间接地左右他。这是最好的决策方法，一方面让领导不会失去管理权，另一方面，也可以避免领导刚愎自用，或者偏听则暗。

真正的好领导，一定是绝对领导与相对建议相结合的领导，绝对不能是多头领导，一旦出现多头领导，公司就会群龙无首，公司发展也将很快陷于困境。

第三，领导也不能越级。管理人员，尤其老板在创立公司期间，要了解公司的基层、中层的状况和信息反馈，但绝对不可以过多地插手层级管理和越级管理。一旦你越级管理，你就会发现领导说话不算话了，管理不了员工了。

也就是说，如果上级领导越级管理，导致中层管理、基础管理无效，就意味着公司实际执行力很差，组织目标很难贯彻下去，而且还会形成上下内耗。

管理学上有个著名的原则："上级只能越级检查，不能越级指挥；下级只能越级投诉，不能越级请示。"

上级可以随时随地对下级的工作情况进行监督、检查，如果发现问题，只要不是特别紧急的，上级一般都不应越级向下发号施令，而是应该找到与此事有关的自己的直接下级，调查了解，弄清真相，双向沟通，寻找办法，然后向其下达解决问题的指示。

作为领导，你只要定期关注问题的改善情况就可以了，而不需要去关注你的直接下级如何去处理。上级领导应该深刻明白：上级越级指挥的危害很大。

首先，会挫伤直接管理者的积极性。既然设定了一级组织层级，就要尊重这个层级管理者的权益，发挥其主观能动性。如果你认为这个层级影响了工作效率，那说明公司的组织结构出现了问题，可以对组织结构进行扁平化改造，取消这个多余的层级。如果是这个管理者没能力胜任，那么可以通过正常、正规的组织程序将其调离、撤换。在此之前，还是应该发挥该层级的作用，否则，不仅对直接管理者造成伤害，也是资源的一种浪费。

其次，搞乱组织运行秩序。维持企业正常运作秩序的核心是"金字塔结构"。在这种结构里，一个下级只能有一个上级，并对其负责。他从这个上级那里领受指示，接受监督，并将执行结果向其反馈。正是这种各司其职的体系，保证了组织的有效运转。但越级指挥使得某些中间层级无法正常行使自己的职责，从而导致整个组织出现混乱。

最后，造就一批“特殊员工”。在现实生活中，只要有越级指挥现象存在，就一定会有越级请示和越级汇报现象的出现。对于员工来讲，既然有更大的领导绕过顶头上司直接向我下达了指令，那我也完全可以不用顾及直接上司的意思和感受。久而久之，在一些部门就会出现一批直接“通天”的特殊员工，这类人哪怕只有一个，也会直接影响部门的健康，降低组织的效率。

所以，作为公司领导，一定要通过合理的分工，把权力授到合适的位置上，然后直接给组织定目标，而不是不停地越级管理。

进入规则

成为合伙人要有门槛，有条款，在不同的阶段如何进入？经营的性质不一样，权益也不一样。

能够体现一个公司最核心的价值的，就是公司的股权，所以你要把这个股权用好，在合适的时间段，用到有用的人身上，才能真正发挥股权激励的作用。

有很多老板，普通员工甚至前台文员也给股份，这不代表老板大爱，而说明老板在浪费公司的前途和子弹。等到公司真正发展起来需要股权的时候，反而不一定能拿得出来了。因为，核心的职权已经被分给了一些不重要、不能担当、不能胜任的普通员工。

所以，股权要合理使用，不能够随意浪费，要设定进入股权的门槛，只有通过努力付出达到一定级别，才能获得进入合伙人的这个级别和通道，拿到这个荣誉。它才值得尊重，值得珍惜。

拿到公司的股权，一般常规的有几种模式：

第一，创始人股份。几个人一起创立，一人出钱，这是一种常规的核心的模式。这种模式也是一种天经地义的模式。

第二，投资入股。你有一个项目，我以天使投资、股权投资的方式入了点小股份或大股份，以资金入股。这也是一种常见的获得股权的模式。

第三，获得身股。合伙人到公司来，你的能力、人品达到一定的高度，能够胜任公司某个高管职位和进入核心管理层，这个时候你就会被授予身股，享受合伙人的实质权益，但是又不用担合伙人的风险，也不用出钱。

第四，获得股权和期权。在公司成长的道路上，你为公司做出了贡献，几年来持续不断地付出，公司订立协议规定你工作几年获得多少股权和期权。

这是我们常用的四种股权模式，当然还有中途的股权转让、定向增发及股权激励等，但是要根据不同的职位、公司不同的阶段、不同的人群、不同性质的股份，设定合伙人准入的门槛和规则。

如果门槛过低，会降低公司的股权价值，起不到应有的激励作用，浪费了“枪支弹药”。如果门槛过高，大家看不见，够不着，最后员工会认为这是老板设的圈套或画的大饼，也就失去了实际的激励意义。所以，在进入规则上，让该进的人进入，让不该进的人不要进入，让能进该进的人合理合规地进入。

综上所述，建立系统、高效、及时的，有价值、有吸引力的，激励性的进入规则，才是最合适、最完美的进入门槛。

罢免规则

任何一个组织要快速地发展，必须有进有出，有血液的更新，才能够产生促进企业发展的动力。

我们都知道，企业在发展过程中，刚开始都不可能引领一流的人才。如果在企业成长过程中，刚开始团队能力弱时，这些人有贡献，或给公司打下了万里江山，立下了汗马功劳，但是在公司发展阶段，可能到上市的时候，这些人的能力不能够胜任这个位置，不能够牵引这个位置，这时候就很容易出现矛盾。很多老板会出现双输的做法，比如会找一个更有能力的人，把他代替了。

因为不换掉不行，公司建到100层了，他只能支撑到30层，这也没办法。所以很多老板采用的方法是找能力更强的人替换这个人，让这个人下岗。这种做法会引起员工的流失、团队的抱怨，产生不好的影响或内耗，甚至造成一系列的损失。还有一些老板采用的方法是，把这些人闲养着，也不用干活了。有的人就感觉企业用不到自己了，于是跳槽了，或者把公司的核心资源拉出来单干。这些都是错误的。

那么，怎么去罢免这些合伙人呢？怎么样让他们离开这个团队呢？

前面我说的那些都不足以形成罢免的条件。只有这个人的品质出了问题，或者所有的行为是和竞争对手外部产生一些勾结和勾当，出卖了公司的核心利益，给公司造成了巨大的伤害，才可以罢免这个合伙人，否则的话不可以罢免。既然是合伙人，合的是天长地久，合的是品德道义，而不是短期的利益和一时的冲动，所以尽管出现很多情况，我们都可以用更友好的方式去解决和完善，而不是用罢免。

我们来回顾一下当年陈晓与黄光裕争夺国美的控制权之战。陈晓，永乐电器的创始人，他创办的永乐电器在当时是仅次于国美、苏宁的电器巨头。也正是基于这一点，国美收购了永乐电器，陈晓也从老板的角色转换为职业经理人。

在合并之后，陈晓出任国美电器董事局主席，而国美创始人黄光裕则退居幕后。黄光裕一度把陈晓当兄弟，给予了他充分的信任和极大的权力。早期，陈晓也是知恩图报的，将国美经营得风生水起，成为当时电器零售业第一巨头。

但是好景不长，黄光裕在2008年底被指控多项而受调查。也是由于当时黄光裕的首肯，陈晓正式掌握了国美的大权。在掌握国美大权之后，陈晓对国美进行了大刀阔斧的改革。首先是抛弃了黄光裕制订的门店路线，然后又引进外来资本，稀释了黄光裕的股份。至此，双方正式决裂。

对于黄光裕来说，更为讽刺的是，之前在国美一手培养的亲信都投向了陈晓的“怀抱”。依靠资本与国美高层的支持，这位曾经被偏爱和充分信任的合伙人差点把黄氏国美给搞翻了。值得庆幸的是，黄光裕的妻子杜鹃，挡住了众多的压力，将国美的控制权留在了自己的手中，并最终在多方的帮助下获得了国美内战的成功。

由此我们可以看出，领导最重要的还是识人。对于合伙后才发现品质有问题的人，要及时罢免，绝不纵容和妥协。

那么正常情况下，我们用什么方法来解决呢？比如公司发展到一定阶段，合伙人的能力无法满足公司发展的需求，那没有关系，退而求其次，他依然是公司的股东，享受公司的福利和股东待遇，同时，也希望公司吸引更优秀的人进来，并且愿意把位置让给更需要的人及更有能力的人。

合伙人退居幕后，给新人让位，不仅可以继续享受之前的福利和待遇，而且还能受到足够的尊重和尊敬，何乐而不为呢？所以，这种办法比罢免好，也比替代好，而且反映了老板的情怀，尊重员工，是对其过去的价值的肯定。没有这批元老，怎么会有公司的现在和未来发展！

但是，如果合伙人犯了错误，他看到公司很赚钱，于是违背公司章程和根本利益，出卖了公司的技术，或者和别人成立了一个同样的公司，或者跳槽到同行公司，等等，这些情况下就必须罢免合伙人。

我们可以将具体的罢免条款写进股东章程，哪些必须一元强制收购，哪些可以诉讼经济赔偿，接受法律制裁，哪些可获得巨额赔偿，同时还可以追究刑事责任。这些都可以在规则里面写清楚。

合伙人若违反了以下公司制订的罢免规则中的任何一条，就必须被罢免：

第一，出卖公司核心商业秘密，获取个人私利的；

第二，贪污受贿，损害公司资源，谋取私利，给公司造成巨大损失和不良影响的；

第三，假公济私，用公司资源和业务创造个人利益，谋取私利的；

第四，转移公司财产，获得个人私利和个人其他价值的；

第五，在公司不服从组织管理，冲撞领导，拉帮结派，传播负面文化，价值观严重阻碍和影响公司发展的；

第六，和公司领导造成巨大的矛盾冲突，不可调和的。

这些都是违反核心规则的，是不能原谅的，必须罢免。但罢免的门槛不一样，有的是开除，有的是追究经济责任，有的是一元强制回购，要把这些每个不同的情况都细分下来，把危害性、严重性，以及相应的处罚标准都列个等级。一旦出现这类情况，就可以无条件地按照公司章程中的罢免规则执行。

因为规则的存在，大家就会知道能干什么不能干什么，组织就不能越雷池一步，团队才能发展得更好。

分钱规则

分钱是一个很敏感的问题。我担任很多公司的顾问多年，管理人员常常会问我一个问题，就是说公司挣钱了，他没分到钱，老板说明年给后年给，结果都没给，于是就换工作了。

对于老板来说，他有很多的问题要考虑，公司要发展，要研发，要投入费用，所以钱不能都分了。总而言之，老板也有很多苦恼。怎么办呢？

在分钱这个问题上，我们主要讲两点：

第一，钱一定要分，老板要肯定员工和管理团队的价值，一定要让他们感受到尊重，让付出者得到回报。如果你违背了这个规则，一定伤害的是你自己和自己的团队。试问一下，老板的格局太小，没有分享精神，怎么能够引领团队奔向未来？没有成就团队合伙人的决心，你怎么能够有资格做这批团队的领导呢？公司做不好就倒闭，做好了不分钱早晚也得分裂，因为领导人的心胸不够，领导不了企业和员工的未来。这是分钱的规则之一。老板的第一大忌就是不分钱，贪婪，格局、胸怀太小。

第二，老板也不能胸怀太大，太爱分钱也不行。如果一家公司挣1000万元分100万元，挣1亿元分1000万元，挣5亿元分5000万元，我可以说，可能今年分完钱，明年公司就解散了。

公司的钱不分不行，但也不是说分得越多越好。分钱是一门艺术。你要考虑到公司的成长，比如一个成长型组织，你让一个人一年拿 500 万元奖金，还勉强能接受，但是一年 5000 万奖金还能分吗？分完，他就没有拼搏的动力了，甚至想自己单干了。这样分下去，这个组织就淘汰了。所以，钱不分不行，分太多也不行。

想成为未来的高管和合伙人，你就要换位思考，理解老板的心情，要懂得这个道理。钱分得太多，就是把团队亲手给解散了，就是害了公司，害了团队。

曾经有记者采访任正非，问华为为什么不上市，任正非这样回答：以我们公司现在的销售规模和销售比例，如果今年上市，明年就会倒闭。公司这么多人有股份，这么多股权，人人都是几千万、上亿身家，谁还干活，都回去养老了。钱赚得都花不完了，不用努力，不用拼搏，谁还加班？公司要保持艰苦奋斗的精神、拼搏的精神，必须让员工树立更大的梦想，时时刻刻处于饥渴和饥饿的状态。只有这样，组织才能保持狼性，才能保持战斗力。这就是中国的一家明星企业的领袖的睿智和哲学思维，他懂得只有用这种方式才能把企业做大，把员工的动力激发出来。

父母再有能力，再有钱，也代替不了孩子的成功。因为他的成长和成才，需要内在的渴望动力。如果你已经把他的需求消灭了，或者填满了，他就没有动力，没有方向，没有渴求了。他的人生也就荒废了，永远也飞不起来了，也承担不起了。我们很多父母就不懂得这个道理，亲手毁掉了自己孩子的前途。

对孩子不是越照顾越帮扶越宠溺越好，要让他承担该有的压力，让他明白只有通过自己的努力得到的东西，他才会珍惜，才懂得感恩。

所以，企业家要学会分钱，要敢于分钱，更要智慧分钱。只有把钱分好了，公司才能有更好的前途和未来。

分权规则

如何分享权力呢？权力不是越集中越好，也不是越下放越好。权力过于分散，企业没有核心统一，效率低下矛盾重重；领导人能力强，权力集中好；领导人能力不强，管理权力过于集中就会阻碍效率、处处误事，甚至会做出错误的重大决策。

如何进行分权呢？

第一，分权要根据企业不同的发展阶段来进行。公司在创业期或成长早期的时候，权力越集中越好。如果创业期权力不集中，统一不了思想，没有了完整的目标和统一性的方案，公司就会效率低下。如果每个人一个想法，不断地试验，就会把公司给试验死了。

等公司进入成长期阶段时，老板就不能把权力全抓在自己手里，而要将一部分权力下放给中层。如招聘的权力、人事的权力、批单子的权力，都要下放给中层。老板要花更多的精力研究战术、策略、资本运作、顶层设计等更重要的事情，把日常琐事下放给中层或基层。这时，合理地下放一部分权力，反而更利于企业的发展。

记住：老板不是管得越多越好，在某些层面上是管得越少越好，甚至只要能把团队几个人管理好，公司就能高效运作，这是最好的。

当公司的规模发展壮大了，达到几万、几十万人，这时老板要将更多的权力下放，只保留财务权、人事权、决策权等核心的权力，便于驾驭好一个团队。剩下的管理权、运营权等全部都要下放，因为一个人的精力是有限的。这样大的企业规模，老板可能连人都认识不过来，怎么有效批单？怎样做出正确、高效的决策？所以要按流程和程序，按目标和方向来控制。如果这时候老板的权力下放不出去，还是事必躬亲，那么老板就会成为企业的阻力。因为一切管理来源于实践，脱离实践的管理是无效的管理。所以在这个阶段，权力不宜集中在某一个人身上。

当公司发展到一定阶段，甚至要通过制约来平衡，来达到合理分配权力的目的，从而避免企业的健康成长受约束。所以，企业在初创期、成长期，以及发展壮大到一定程度时期，权力的下放层次都不一样。

企业家要敢于分权、授权，灵活用权、分权，让权力的天平发挥出价值的力量，转换成企业的财富杠杆，这样才能把企业经营得更好。

第二，要在公司不同职位、不同层次上配备不同的授权权重系数和分权的层次，要做到严格管理，形成规范和制度，确保权既能够授出去，还能够管得了。千万不要犯一个错误，只有授权没有管理权，否则一管就死，一收就散。

所以，企业领导在下放权力时，要建立适当的规则和约束，确保下放权力后依然能实现间接管理管控，不至于权力一下放就管理失控。凡事亲力亲为，都掌控在一个人的手里，管理效率自然低下，而且容易造成决策失误偏差，给公司带来重大损失。

所以，管理者一定要注意及时合理地分权和授权，做到管理有度与授权始终相得益彰，才能够发挥出管理的效益。

激励规则

激励对一个公司而言非常重要。没有激励时，公司如一潭死水；有了激励后，全体充满活力。

第一，激励可以分为物质激励和精神激励。比如军人有不同的级别、军衔和徽章，它们代表着不同的荣誉，这也是一种精神激励。公司要善于编立一个优秀的精神动力系统，按照级别编制代表荣誉和无限光荣的价值系统。再比如阿里巴巴的“一年香，三年醇，五年陈”，也是一种精神激励。工作一年，阿里员工被视为“一年香”；工作三年是“三年醇”；而工作五年则是“五年陈”。按照工龄，阿里员工会获得相应的纪念物品，比如“一年香”拥有一个纪念徽章，“三年醇”获得一个纪念白玉吊坠，而“五年陈”就是完完全全的阿里人，颁发一枚白金戒指！

第二，激励有不同的层次和幅度。不同的岗位，激励的层次和幅度是不一样的。如有年终奖金、月度奖金、日常福利、年终分红，还有高管在幅度上要有上市的股权的，额度比较大，想象空间比较大，所以对于基层，要以分享到月度奖金为中心；对于中层，要以年度奖金为中心，结合月度奖金；对于高管，要以事业价值为中心，结合年度奖金，所以不同的岗位激励的点也不一样。

物质上的激励，除了一些奖金、待遇，还需要有一个完善的晋升系统，即一个岗位达到什么条件可以晋升到下一级。如普通员工怎么晋升到经理，经理怎么晋升到高级经理，高级经理怎么晋升到见习总监、高级总监，总监再经过多长时间，达到什么条件，做出多大的贡献，才能晋升到副总裁。这都是有周期的，可能需要几年一个周期，不断地晋升，让员工每月每年都能看到希望，看到未来。

同时再根据职位设置合理的奖金、福利及工资的晋升政策，形成企业的晋升体系、激励机制。公司才可以人人有希望，月月有动力，年年有今朝，每天充满活力。一个公司不能是几个合伙人干得热火朝天，而员工没动力，认为挣钱都是老板的，和员工没有什么关系。这样的公司是发展不起来的。

所以，要建立自上而下的激励体系，对合伙人、管理团队、日常运营团队、基础员工，同样要建立几层激励体制和激励体系。

一个企业的老板，要想到把每一层激励方案都做出来，从物质到精神，包括晋升方案、激励系统全部做出来。因为企业有强大的激励系统，才有强大的动力系统。

退出机制

一个企业要想有健康的发展，它的股权合伙人一定要有退出的机制。没有退出机制，只能进不能出，是不完善的。比如，我是你公司的合伙人，我拿到了期权，期权拿到之后我不想干了，但是我的期权已经到了兑现期，那我还要这股份干什么？所以一定要有退出机制。

合伙人的机制是人在股在，人不在股份必须退出，或者公司收回。那怎么收呢？

比如身股，员工在，则享受相应的权利；员工不在，则不能享受。如工资、期权、股权、分红等。如果员工不在了，公司一定要通过制度把相应的股份收回来。比如，约定以当时的市价收回，或者找到一种估值的方式，是以年收入的方式，还是以最低多少价的方式收回。公司必须和合伙人签署协议，明确规定合伙人的退出细则。如一旦合伙人离开公司，其所持有的股份和期权该如何处理，若不配合交易，则过期执行一元强制回购。

对于合伙人的股权激励，重点不在于股权和钱，重点在于融人。人离开了，你还要用新的人来替补，你要分配出新的利益，来完善这个激励系统。如果没有完善的退出机制，那企业的股权人就会越来越多。但期权是有限的，如果被无关的人占用了，那么就不能用来激励对公司真正重要的人。所以，一定要有合伙人退出机制和协议。

合伙人退出方式有多重，常见的有：上市退出，协议退出，转让退出，资本增值退出，溢价退出。企业在不同阶段，可以根据合伙人的条件，采取灵活的退出方式，总而言之，让留下的人能够为企业贡献价值，让走了的人也感恩感谢公司，获得双赢的局面。让走的人好，让来的人更好，这就是退出机制设定的根本目的。

很多管理者都在犯一个错误：员工进来容易，钱难拿，离开时手中持有的股权还不能退出，什么也得不到。合伙人为企业付出了努力，做出了贡献，却得不到应有的价值和肯定。这是不合理的。

企业管理者要懂得，互联网合伙人时代，要尊重合伙人的权益，肯定合伙人的贡献，给予合伙人应有的回报，鼓励合伙人向前发展，甚至搞内部创业。公司不仅可以给你保留股份，还可能给你投资，只要你符合在公司工作的几年做多少贡献，你就有权利在公司创业，创业时公司效益达到一定水平，还可以匹配多少额度的投资，支持你创业，让公司成为成就你的地方。

一个好的公司、好的平台不是限制员工发展，而是给员工提供更大的舞台和空间。一个好的领导人、好的领袖不是限制合伙人、利用合伙人，而是帮助合伙人成长，推动合伙人发展。有足够的胸怀和魄力，才能称为行业领袖和企业老大，才能和团队成为朋友，即使有一天散伙了，还是朋友，甚至亲如一家人。

经典案例：

永辉超市的“合伙制”

一线员工干着最脏、最累的活，却拿着最低微的薪水，员工流动性居高不下，这是整个超市业普遍存在的问题。

永辉超市董事长张轩松在调研中发现，当一名一线员工每个月只有 2000 多元的收入时，他们可能刚刚解决温饱问题，根本就没有什么干劲。顾客几乎很难从他们的脸上看到笑容，这对于网络冲击下的实体零售业来说，更是一个巨大的问题。

如果一线员工是一种“当一天和尚撞一天钟”的状态的话，在他们码放果蔬的时候就会出现“往这一丢”“往那一砸”的现象，反正卖多少都和我没关系、超市损失多少果蔬也和我没关系。受过撞击的果蔬通常几个小时就会变黑，这样就无法吸引消费者购买，进而对整个超市造成影响。

激烈的市场竞争让零售企业更多地关注如何获取外部客户，既包括维系老顾客，又包含吸引新客户。但是过度的竞争也让企业忘了自己的“内部客户”，也就是员工，尤其是一线员工。

尽管内部客户给企业带来的是“间接受益”，但他们对消费者的购买行为的确有着不小的影响。如果非要用数据来表示的话，那么内部员工的意义是，他们到底是让 80% 的客户能多买一点，还是让 80%

的客户少买一点。

可问题在于，直接提升一线员工收入的情况也是不现实的：一方面，单纯增加员工薪资，就会增加企业成本负担，影响超市赢利；另一方面，加多少合适，加多了老板不愿意，加少了激励性弱，效果短暂。

比如永辉超市在全国有 6 万多名员工，假如每人每月增加 100 元收入，永辉一年就要多付出 7200 多万元的薪水——大概 10% 的净利润。况且，100 元对于员工的激励效果是极小的且效果短暂，总不能每隔几个月就全员提薪 100 元吧。

为了增加员工的薪酬，也为了节约成本（果蔬的损耗），以及提升营运收入（吸引更多消费者购买），所以永辉超市在执行副总裁柴敏刚的指挥下开始了运营机制的革命，即对一线员工实行“合伙人制”。

永辉的合伙人制度

最早的合伙人诞生于 10 世纪前后的意大利、英国等国。当时海上贸易很赚钱，有人说，我想做这事，但我不懂航海，我可以出钱；另有人说，我懂航海，但我钱不多，我可以出力。于是，两者展开了合作，利润各半。自然而然地，这就逐步形成了资源互补下的利益共同体。

永辉采用以打造团队经营者为核心的合伙人模式：不承担企业风险，但担当经营责任；根据价值进行多次利益分配；灵活的退出、晋级制度；关注团队与个人的价值贡献；注重自身价值、人脉和资源。

在品类、柜台、部门达到基础设定的毛利额或利润额后，由企业和员工进行收益分成。其中，对于一些店铺（主要是精品店），甚至可能出现无基础消费额的要求。这样一来，员工会发现自己的收入和品类或部门、柜台等的收入是挂钩的，只有自己提供更出色的服务，才能得到更多的回报。因此，合伙制对于员工来说就是一种在收入方面的“开源”。

另外，鉴于不少员工组和企业的协定是利润或毛利分成，那么员工还会注意尽量避免不必要的成本浪费，以果蔬为例，员工至少在码放时就会轻拿轻放，并注意保鲜，这样一来节省的成本就是所谓的“节流”。这也就解释了在国内整个果蔬部门损耗率超过 30% 的情况下，永辉超市只有 4%~5% 损耗率的原因。

在合伙制下，永辉的放权还不止这些，对于部门、柜台、品类等的人员招聘、解雇都是由员工组的所有成员决定的。这一切都将永辉的一线员工绑在了一起。大家是一个共同的团体，而不是一个个单独的个体，这不仅极大地降低了企业的管理成本，而且员工的流失率也显著降低了。

合伙制的显著成果

2017 中国财富 500 强榜单中，永辉以营收 492.32 亿元位居中国 500 强第 140 位，较去年上升 1 个位次，在超市领域居第 1 位。在整个超市行业净利率仅不足 1% 的困局之下，永辉超市的利润率几乎可以领跑整个行业。

这份在业界看来不可思议的成绩和永辉超市的创新是分不开的，而这些创新也不仅仅体现在其对待消费者的方式，更体现在它对“内部客户”的激励机制和满足，事实上这才是永辉超市高速发展的关键原因。

永辉超市合伙人的成功，具有很强的代表性。经济形势所逼，留住人才，激发员工积极性，把薪酬和绩效挂钩，把门店的利益和个人目标一致化，把老板想干的变成职工想干的，最终实现共享共赢。

第六章 构建合伙人组织

从改变创始人理念开始

第七章 合伙人股权设计

分钱分权，融资融智

把团队当伙伴

一个公司有了团队不一定能成功，还要以合力的方式，把团队编进一个组织。组织和团队是不同的概念，如果说团队是人，那么组织就是血管和管道。人在合适的、合理的岗位上，才能发挥合适的价值。

好的理念、好的思维，能够让我们迅速建立一个好的组织，把合伙人由分散的变成组合的，形成强有力的企业人才网，从而充分挖掘人才的价值。那么，在构建合伙人组织，搭建合伙人团队，融化合伙人团队的过程中，我们需要导入哪些理念和思想呢?

首先，创始人的理念要改变，我们从以下几个观点进行分析。

所谓伙伴，就是拥有相互依存关系的人，像事业伙伴就是事业伴侣，生活伙伴可能是情感伴侣。

一只狼单兵作战，不会产生多大的战斗力，但是相互联合起来成为狼群，就会产生狼群效应，产生不可小视的团队战斗力。所以，我们也要把团队成员当伙伴，相互依存，这样才能发挥组织的功能和作用，才有战术战略的发挥空间。所以，大家一起创业，一起工作，要相互完善不足，相互提升优点，抱团取暖，共同成长和壮大。

团队是创业企业的希望，是企业最宝贵的资源，作为企业领导，一定要对团队的价值认识清楚，定位好团队在企业中的位置。英明的领导者从来不把自己企业的团队当作自己的下属，而是当作伙伴，当作家人，像对待伙伴、家人一样对待自己的下属和团队。

亨氏公司是美国一家有世界影响力的大公司，其分公司和食品工厂遍及世界各地。它的创始人为亨利•海因茨。在创建公司和公司发展壮大的过程中，亨利自始至终都没有把公司的员工当作下属，而是当作自己的伙伴一样对待。

他经常走进员工中间，与员工聊天、开玩笑、吃饭，了解他们的想法，了解他们工作和生活中的困难，并给予力所能及的帮助。每当他来到员工中间，很快那里就会谈笑风生，气氛热烈。员工们也没把亨利当作老板，也像对待自己的朋友一样对待他。这种与员工打成一片，把员工当伙伴的做法不但没有使员工产生懈怠心理，反而调动起他们工作的积极性，使他们更加努力且开心地工作着。

把员工当朋友、当亲人，不当下属，是一种非常英明的情感投资，投入的是真诚、友善，收获的不单有真诚、友善，还有敬重、拥护、爱戴，以及企业的良性运转和大发展。

从管理学的角度来看，用情来感染员工，将团队的心凝聚在一起，会培养起员工对组织、对领导者的感情。员工和领导者不再仅仅只是被雇用和雇用的关系，而是更和谐、更有生命力的“朋友关系”。

那么，领导者如何做才算是把团队当作自己的伙伴了呢?

首先，领导者要把自己从领导者的高位上放下来，放低姿态，不要颐指气使，不要盛气凌人，以平等的身份与团队对话、交流。

其次，多增加与团队乐趣的分享和价值观的趋同。就拿阿里巴巴年会来说，他们的节目是马云扮成小丑一样上台唱歌。其他公司也都经常会有这种故意“丑化”甚至“惩罚”老板的小节目。为什么？就是为了与团队共享欢乐，让员工觉得老板没架子，平易近人，可以像朋友、像伙伴一样，相互信任，相互接纳。

所以，老板要改变的第一个观点是，一定要把团队当伙伴，绝对不可以把团队当利用的产品和工具。

很多老板把团队当工具，结果团队也把老板当跳板，最终形成双输的局面。因为员工不是工具，团队高管更不是，他们是企业实现重大目标和愿景、使命的核心部分。所以我们必须把团队当伙伴，这样公司这个组织才能真正地活起来，团队成员才能够真正地交融在一起，发挥出潜在的战斗力。

把公司当平台

老板、团队、员工要有一个概念，把公司当平台。公司不是老板的，而是大家的，只是老板创立的，老板除了钱、利益，还要承担更多的责任和压力而已。老板一定要有这样的胸怀，把自己的公司当成是员工的平台，帮助他们成长，帮助他们实现价值，帮助他们实现梦想，帮助他们快速实现人生事业的收获和重大的蜕变。这就叫把公司当平台。

很多老板把公司当成自己家的——这是我的，这是我可以控制的。事实上，这个公司或这个平台是为大家而搭建的。这个舞台有人来唱戏、来演戏的时候，才有人来看戏，才有观众，才有客户，才有钱赚。你见过只有导演一个人，能拍出精彩绝伦的电影或电视剧吗？这是不可能的。所以，老板一定要有广阔的心胸，明白公司是一个平台，参与的人越多，公司的价值就越大，客户就越多，企业的价值就越大，老板所能享受的福利也就越大。

所以，老板要完成这样的观念转变，把公司变成品牌，变成大家的公司，这样的老板才能把企业做大做强。而员工、管理人员更要改变，要把公司当平台，要知道你来到这里不是打工的，而是为了实现你的梦想、价值和人生使命。你需要平台，因为你需要工作机会、就业空间。你只有借助项目和平台，才能实现你的梦想，才能创造人生价值。因为你本身不具备创业的条件，通过个人没有办法实现社会价值，所以你更要懂得感恩老板，感恩平台，感谢身边的所有人给你提供就业的机会和晋升的空间，给你提供成长的权利。所以，公司和员工是共赢的关系。

很多员工的职业观念要改变。你来到公司，要学会利用公司的平台发挥价值，同时还要学会感恩公司。不懂得把公司当平台，只懂得把公司当跳板和工具的员工，没有前途，因为他没有忠诚度。任何一个公司、一个团队、一个组织、一个老板都不会用一个不可靠的人。所以，一个人在职场上一旦失去了忠诚度和责任感，就失去了职业的生命线，就没有了前途。

任何一个有能力把公司做大做强的老板都有这种用人能力，就是不给那些投机者、没有忠诚度和责任感的人重要的机会和发展空间。即便这样的人有能力，也没有表现的机会。因为他们不懂得公司是一个平台，是个人的，也是大家的；员工和老板的关系、员工和公司的关系是鱼水关系；老板只是个领头羊而已，可能还是公司付出最多、最努力、最辛劳的员工。

把自己当员工

合伙人组织的第三个理念，是把自己当员工。尤其是老板和高管，不要认为自己高高在上，可以颐指气使地主导他人的一切，这是错误的。一定要把自己当员工。为什么呢?

事实上，老板就是公司最老的员工，你做着比员工更辛苦的活，承担着更大的责任和压力，还要养活公司一大家子人。

老板不仅是公司的员工，而且还是全公司最大的服务员，起床最早下班最晚，一年工作12个月，一天工作12个小时，所以老板是公司最辛苦、付出最多、担当责任最多的员工。

如果你是老板，当你想明白的时候，你就不会高高在上了。所有的员工都是踩着你的肩膀走过去的，所有的员工都是踩着你的肩膀站起来的，你能撑起很多人，帮助很多人实现了梦想，帮助客户实现了价值，公司才能做大。

泰德集团董事长李洪国这样认为：

企业组织就是企业员工和企业制度的有机结合，当我们把企业看成一个不断成长的“生命”时，企业员工就是企业组织中充满活力的“细胞”。处在创业阶段的企业，创业者（也是企业员工）的意志和利益更多地表现为企业的根本利益。

随着企业的不断成长和成熟，我们常常听到很多企业老板感言:“在企业比较小的时候，企业员工是在为老板打工，当企业大了以后，老板就开始为员工打工了！”

老板们的感受是真实的。当企业发展到一定阶段后，不断增长的企业员工生活、发展、创造、体验、被尊重和自我实现的需求成为企业必须面对的课题，大多数企业把员工需求看作是企业的负担，打开财务报表，员工需求无一不被列为企业成本和费用。但与此同时，由企业发展而不断被满足和实现的员工需求也在促进企业“细胞”不断自我成长，企业组织在这一过程中不断丰满和强壮，企业“生命”才会不断充满生机和活力。因此，对企业员工需求的投入就是对企业自身发展的投资。可以说，无论是泰德客户利益、股东利益还是企业社会责任，无一不是以泰德企业员工利益为出发点和根本保证。

员工利益是企业不断发展的内在动力和内因，客户利益、股东利益以及企业社会责任是企业不断发展的外部驱动和外因。如果说“客户是上帝”和“股东利益最大化”是过去一百年被实践检验的真理的话，那么，“员工利益是企业最根本利益”就是将被未来一百年验证的真理！

所以，老板只是一个贴着老板或总经理标签的付出更多的员工罢了，别把自己太当回事。老板越把自己当回事，员工就越不把公司当回事。聪明的老板是让员工把公司和老板当回事，而自己从来不把自己当回事儿。有的老板很把自己当回事，结果员工没把公司当回事，导致公司发展无力，最后在激烈的竞争中被淘汰。

因此，老板一定要有这样的智慧——放低自己的位置，把自己当员工。其实，老板本身就是公司付出最多、努力最多的员工。

把名利当浮云

很多人认为，开公司的目的是为了赚钱，这个观念是不对的。我认为，开公司的目的是为满足客户的需求。比如：因为要喝水，所以开自来水公司；因为要烧煤，所以开煤矿公司；因为要穿衣，所以开服装公司，等等。所以，开公司的前提不是为了赚钱，而是为了满足客户的需求。老板们一定要明白，把名和利看得很重的人早晚会累死在办公桌上，因为名利永无止境。

所以，老板要想解脱，要想把团队和合伙人激活，就必须把名、权、利益分给他们，把名利当浮云。当你能把名利当浮云的时候，反向也就解脱了名利。名和利给员工所用，就好比是屠龙刀和倚天剑在手，会产生强大的动力，然后转化成公司员工的积极性、忠诚度、责任感及拼搏精神，为公司卖命付出、担当，创造价值，转化出实实在在的利益。

如果老板把名利握在自己的手里，掌着所有的生杀大权，那么你的员工、组织、团队、管理人员就会失去动力、活力和积极性。你就成了公司发展的阻力和伤害，你的能力越强，可能公司的僵化程度越严重。所以，一个优秀、智慧的老板一定要学会把名下放，把总经理、副总裁等职位留给有能力的人才，让他们去实现自己的价值，从而点燃员工、管理人员的动力，推动企业高速发展。

雷军，小米科技创始人，据福布斯实时数据榜单显示，他的个人财富为125亿美元，位于全球116名，中国12名。如若上市后按小米1000亿美元估值，雷军的身价至少有314亿美元，很可能成为仅次于马化腾、马云 、许家印、李嘉诚的中国第五大富豪。

然而，这样一位有钱又有名的投资人、企业家，为人却非常低调。生活上，他和普通人一样，吃的是家常便饭，穿的是“凡客”，坐的经济舱。工作上，他这个老板比员工更加勤奋、努力，每天工作十五六个小时，每周工作六到七天，因此被业界称为“劳模”。在员工薪酬方面，雷军也给了员工足够的回报：首先，工资水平接近中上；其次，小米在期权上有很大的上升空间。

除此之外，雷军也热衷于慈善，2016年他向母校武汉大学捐款99 999 999元，用于建设武汉大学大型科学仪器共享平台和开展交叉前沿科学研究。

小米能有今天如此傲人的成绩，与其领导者雷军的行事态度和管理方式不无关系。他不忘初心，不摆架子，不狂放，不奢华，视名利如浮云，踏踏实实专注事业、专注市场、专注科研，所以想不成功都难！

当你把名利当浮云的时候，恰恰企业的利润会源源不断；当你把名利都攥在手里的时候，恰恰企业的利润越来越少。所以，做老板的应有视名利如浮云的高度和觉悟，而这，正是我们所有企业经营者、高管团队，尤其是企业老板和总裁必须要突破的一个瓶颈。

把财富当数字

很多人吊死在钱袋上，醉迷在钱眼里，看不透金钱。其实，财富就是一个数字。人刚开始没有钱，为吃饭穿衣而活；后来当一个小老板，一年挣几百万几千万的时候，钱已经不再重要了，变成了虚荣和名利的代名词。但是，物质能给人带来的快乐和刺激是有限的，无穷的智慧和思想，才是我们获得幸福的源泉。

5000 万元，普通人可以花一辈子；5 亿元，一辈子三代人花不完；50 亿元怎么花？对于一个志在千里的企业家而言，几十亿元、几百亿元甚至几千亿元的巨额财富只是个数字而已。所以，老板、高管自我价值的实现，需要精神价值更高层次的引领。当你看淡财富的时候，你会发现你再不为金钱而存在，而是会为成就下属、团队、高管而存在。你会把钱分给很多员工、高管，无形中提高了管理人员的战斗力，提高了他们的责任感、忠诚度和积极性。他们会感恩你，感谢老板提供的平台和机会，感谢得到老板的重用，感谢老板让他们能够创造更多的财富，实现人生的价值和梦想。这时，你的领导力、人格魅力、领袖魅力就得到了充分的展现。

所以，作为一个真正的企业家和老板，当你解脱财富的时候，你会发现你的团队潜力瞬间释放，忠诚度瞬间提升，公司越来越大，你反而会拥有更多的财富。

只有达到企业家的层次，才能引领更多有才华、有能力、有价值的人进入事业层次，完成蜕变。所以企业家一定要解脱金钱，把财富当数字，你会发现你的企业将会生机勃勃、财源滚滚，会创造更多的财富，基业长青。

这就是为什么华为总裁任正非可以把98.99%的股份分给员工，使华为迅速成长为世界500强公司、创造财富传奇的核心密码。因为老板真正做到了心中无敌，真正懂得了了财聚人散，财散人聚的道理。

经典案例:

腾讯的创始人团队

搭建合伙人组织很重要的一点就是分工。

从股权架构和团队分工看,腾讯不是马化腾一个人的。我们可以看到马化腾在创业的时候有五个合伙人,其中马化腾持有47%左右的股份,张治中(CTO)持有约20%的股份,还有首席信息官、首席行政官、营销总监等。他们的组织结构划分是相当合理的,应该说大家都有饭吃。如果马化腾一个人占90%,另外四五人共占10%,那这就没法玩了,就不可能有今天的腾讯了,QQ都做不出来,更加不会有今天的微信。

所以,老板的股权不是越多越好,而是越合理越好。只有和团队达成共赢的时候,公司的价值才能彻底释放。

腾讯的创始团队每个人最低持有10%的股权,最高是马化腾,持有50%左右的股权,但是每个人都有参与感。所以,一个组织股权分享的合理性和共赢性,决定每个人的积极性的发挥,也决定着组织目标的实现。如果组织内部共同认为,这盘棋赢了,大家都赢了,这样的组织才能稳定地发展起来。

腾讯不仅有先进的合伙理念,更有合理的股权分配,所以才能取得今天的成就。如今的腾讯估值已经达到4万亿元的水平,是一个世界级的公司了。

腾讯创始人团队不仅把团队当伙伴，把公司当平台，马化腾也很低调，把自己当员工，还积极做慈善，把名利当浮云。

财富对他来说就是数据。2000 多亿元的身价，对马化腾有什么用？股票上下一波动就是上百亿元的浮动。这些钱马化腾一辈子也花不完，剩下的财富终将取之于社会，用之于社会。

我们要明白一个企业家存在的意义、成长的方向、价值的引领，只有好的理念、好的思维、好的模式才能搭建一流的合伙人团队，才能够把公司从小做大，从大做强。

所以，公司的创始人、创业领袖一定要记住，把团队当伙伴，把公司当平台，把自己当员工，把名利当浮云，把财富当数据。当你真正能做到这些的时候，你就可以剑锋所指，所向披靡，真正带领一个企业在行业里破茧而出，实现自己的财富传奇和梦想传奇。

第七章

合伙人股权设计

分钱分权，融资融智

第八章

弱势合伙人如何控制公司

用制度来减少“阵痛”

股权的价值

分红权

当你成为合伙人之后，代表着你拥有了第一大权力——分红权。假设你持有10%的股份，今年公司营利1000万元，那么你就可以分得100万元。如果你持有20%的股份，那么你就可以分得200万元。也就是说，你除了正常享有工资、奖金、提成，还可以按照股权比例享受相应的股东分红。

增值权

当你成为注册股东之后，那你就拥有了增值权。互联网企业股份的增值权，价值很高，要比工资的价值高十倍、百倍甚至千倍。未来的企业是估值型的企业。赚钱的企业不一定值钱，值钱的企业要比赚钱的企业值钱很多倍。

所以，我们可以看得到，阿里巴巴在1999年至2000年期间并没有赚什么钱，但不妨碍它估值1亿美元（孙正义投资2000万美元，只占据了阿里巴巴20%的股份）。试想一下，如果你有1%的股份，就意味着你拥有多少财富？短短一年的时间，股权的增值从50万元人民币增值到1亿美元。股权的增值权，在互联网企业，在创新企业，在可持续增长的发展企业，要比传统的企业工资大多少倍，比现金权益大多少倍！

未来的公司终将是值钱的公司，都会和资本市场产生巨大的交织和价值，实现产融双驱的力量。如果你不能拿到公司的增值权，就意味着你在企业挣的钱是不值钱的。所以当你成为真正的合伙人时，你所选的股权的增值是无价的，是企业至高无上的财富。

表决权

也就是董事会上投票的权利。当你持有的股权比例达到5%或10%以上，你就具备了相当的表决权；当达到35%或以上的时候，你就拥有了一票否决权；当达到51%，你就拥有了相对控制权。当达到67%，你就拥有了绝对控制权。所以，股权比例就代表着控制公司的权力。

表决权非常重要，代表着公司有能力按照谁的意志力来执行。当你成为公司股东、合伙人的时候，可以根据你的股票多少来行使公司的重大决策的权力。最终代表着公司最高决策层的权力，也代表着公司的核心利益的权力。手上有多少股份，就对应多少股票，对应多少投票权，是我们中国传统的股权表决的一种方式。

当然，美国有一种AB股制度，有股权代持的协议，可以把表决权让给大股东和实际的创始股东。阿里巴巴就是利用美国的这种制度，让马云在持有阿里巴巴很少股份的情况下仍然有绝对的表决权。

所有权

也就是转让、继承和资产组织的权力。当你持有身股时，你在，你才享有财富分配权；你不在时，你的权力就没有了。而当你成为实股股东时就不一样了，它可以转让，可以增值，可以资产处理。

举个例子，你是身股股东，在公司工作了五年，这五年你赚到了钱，但是五年之后你走了，那么五年之后就和你没关系。如果你是实股股东，比如在腾讯，十年前你因为腾讯不值钱，离开了腾讯，你拿到了工资，虽然工资不多，但是你的实股并没有退出，你仍然拥有公司的所有权，仍然持有腾讯 1% 的股份。假设公司估值 3 万亿元，那么就相当于你有 300 亿元。

公司的所有权，对于一个有机会成长、持续发展、上市、资本裂变的公司来说，它象征着无限的价值。哪怕你不在这个公司了，哪怕公司发生了阶段性的亏损，未来三五年之后，只要你的股份不退出，你依然可以取得巨大的财富的增值权和所有权。

这种所有权可以转让，可以继承，可以做资产的个人处置。像打上了你的烙印一样，它是属于你的永恒的财产，可以转让给你想要转让的人。所以，这是一笔无限的财富。

合伙人股权激励方案

不同层级的合伙人应给予不同的激励，那么在不同层级的合伙人的高度和维度上，应该给予哪些合伙人权益呢？这个配方和配比非常重要，给多了不好，因为人性贪婪，凡事过犹不及；给少了则激励性体现不出来；给错了也不行，会引起错误的恶性循环，会给公司造成不必要的损失和麻烦。

下面我们分别对公司基层、中层和高层合伙人的股权激励方案进行具体说明。

高层管理人员：身股+分红

一个公司的高层管理人员应该得到哪些权益呢？

体现高层管理人员的价值、贡献，可以通过身股的方式，这是合理的。但是，我们不仅要给予高管平时的工资、奖金激励，同时还需要给予股份和期权作为激励。

我们都知道，期权是服务一定年限之后才能享受到的。身股是只要你在这个职位就可以立刻得到的。身股作为现在的激励，期权作为未来的激励。所以，对高管一定是身股加分红的激励方式最合适。这种方式充分体现了老板的胸怀、格局、对人才的尊重，以及对人才贡献的肯定，体现了人才的价值、合伙人的价值及高管的价值。

中层管理人员：奖金+期股

一个公司发展壮大后，不仅有高管，还有中层，而中层管理人员也就是公司的高级经理、分公司总经理等。这些人也是公司不可或缺的一个重要部分。

虽然公司的身股有限，我们不可能让每一个人都享受，但是可以让他们享受奖金和期股。

对中层管理人员，年终的奖金、晋升、销售岗位的提成，都属于奖金性质。我们把奖金、提成、福利全部纳入奖金的范畴，这些都属于及时的奖励，用钱直接来表达。另外，还需要辅以期股作激励。也就是说，工作到一定年限，给你相应的期股，并将股东权益分享计划的回报写进协议，落实到制度上。

为什么是期股，而不是身股呢？因为中层的级别权威不够大，格局高度不明确，如果给他们过多未来公司上市的期望，他们也不一定相信，但现在立刻都给他们，公司的股权空间也容纳不了。那么一个公司可能有几十位、几百位甚至上千位中层管理者，我们怎么给股权呢？

10%或20%的身股额度肯定是不够用的，所以说只能用期权。因为期权上市后的市值财富倍增很多，价值很大。所以给期权，每个人都可以分到，也可以创造很大的价值。比如，一个中层管理人员一年收入30万元，他在公司工作五年，公司在五年内上市，那公司就可以同样给他配备一年工资加一年同倍于工资的期权收入。如果一倍不够，加两倍，两倍不够加到三倍，三倍就非常有诱惑力了。相当于每工作一年拿三倍的工资，相当于150万元的股票。这种杠杆和倍增效应对中层管理人员是很有诱惑力的，能够将一个人的忠诚度与企业利益牢牢捆绑，有效留住人才。

中层管理干部更多的是需要现金的激励。因为他们的收入还不够高，他们的精神格局还不够大，不像高管一样以事业为中心，所以可能更关注眼前的利益。

所以通过奖金、提成增加眼前的收入，肯定他们的基石作用和价值，同时辅以期股许诺他们的未来，这就是对于中层管理人员最好的收益和激励方式。

基层：分成+奖金

对于一个企业的基层员工而言，他们不看重上市，不会想着成就千秋大业，他们没有多么伟大的使命、责任感、愿景和价值观。他们首要关注的一定是能不能填饱肚子。因为基层员工的收入很低，他们需要稳定的生活。所以，现实生活的保障一定是前提。老板跟基层员工谈股票期权、上市规划、千秋大业，基层员工不感兴趣，不是他们没有梦想，而是超越了他们的梦想。

所以，对于基层员工，我们要专注于眼前的收入，外加未来的激励性收益，尽量通过提成、分成，或者加奖金、提高基本收入的方式进行激励。这也就构成了对基层员工的最佳激励方式。

而对于高层管理者，如果无法与他谈论未来公司上市的发展，那这个人也成不了高管。因为一个没有梦想、没有使命、没有价值观的人，是不可能成就一番事业的。所以，在不同的层次要给予不同的回

报，满足他们不同的需求。

任何一家公司，都少不了由高、中、低层造就的共同体。对于高层，要偏重于未来，组成精神事业共同体；对于中层，要偏重于眼前加未来，组成事业和利益共同体；对于基层，则要偏重于他们的成长和眼前。成长是让他们多明白一些道理，眼前是让他们成为利益共同体。只有与他们成为利益共同体，让他们解决了眼前问题，挣到钱填饱了肚子，他们才能更好地设计未来。

所以，每个层面需要的东西、关注的点、该给的回报都不一样，我们要权衡得当。对高层，可以谈事业、梦想、价值和使命；对中层，要让他们看到未来，同时更多地关注现在和未来；而对于基层，解决眼前的实际问题，让他们获得稳定的生活和收入，这才是最重要的。所以，公司内三个不同的层面，看重的不同，股份的性质不同，我们应给予的回报也不一样。

记住：一个好的老板永远不可以对全公司上下一视同仁，只有在同一个层面上的人才可以一视同仁。

管理学中有个著名的马斯洛需求层次理论，说人有五个不同层次的需求：第一是生理的需求；第二是安全感的需求；第三是归属感的需求；第四是自我实现的需求——这个阶段开始精神方面的需求，也叫荣誉感的需求；第五是自我实现的需求——这个阶段开始从本能的层面上升到最高的精神和思想的层面。

所以，对于一个没有解决温饱问题的人，我们就满足他的生理需求。当他的生理需求得到满足后，我们就要解决他的安全感需求。安全感就是吃、穿、住有基本的保证。那安全感有了，他就要找归属感。归属感，就是渴望和什么样的人在一起，渴望什么样的文化氛围。接下来，物质上满足了，有了事业，有了成就感，荣誉感油然而生，生命的价值也得到体现。

我们可以说高管的需求是自我实现和成就的需求，而基层的需求是生理、物质的需求。我们不能说基层员工的高度不够、能力太小，他要是高度够，他就不会当员工而当高管了。很多老板都在犯这样的错误，用管高管的方式和思维对待公司的基层员工，这不仅浪费了很多时间和精力，甚至造成了很多人员的流失和公司损失。事实上，这就是功能定位的错位。

企业老板还有更高层次的需求，叫企业家的需求，也可以说是实现社会价值的需求、利他的需求、超越自己本能的需求。比如很多老板就会做慈善，为社会而存在。这时，贡献价值已经不是为满足自身的需要，而是从以实现自我价值为中心，到开始实现社会价值，进入超我的阶段、利他的阶段。这是企业家、企业领袖要进入的阶段。

为了在精神和物质层次上做好匹配，老板或企业家要进入领袖的阶段、利他的阶段、成就他人的阶段。高管要进入实现自我价值的阶段。中层干部要进入解决安全问题、生存问题、生活问题的阶段。员工要进入解决本能需求的挣钱吃饭填饱肚子的阶段。只有这几个阶段都平衡了，企业发展才能进入正确的轨道，人员才能稳定，潜能才能激发，才能上下和谐，以人为本，实现共赢。

合伙人股权设计模式

合伙人股权设计，对于我们寻找合伙人，打造合伙人团队，引进合伙人，创建合伙人组织，都是非常重要的。那么，合伙人的股权如何分配，有没有可以参考的比例和模型呢?

一元结构的股权模式

一元结构的股权模式，设计的原则是“三条线”——绝对控制线、相对控制线和安全控制线。

1.绝对控制线。

67%绝对控制线。意思就是，当老板拥有三分之二或67%以上的股份时，老板就对公司拥有绝对话语权，有100%控制公司的权力。即便其他股东都投反对票，也是无效的。

按照规定，公司重大事项，如涉及修改公司章程、公司合并、分立、解散等，必须获得三分之二以上的股东投票同意，所以超过三分之二就达到了绝对控制。

2.相对控制线。

51%相对控制线。根据公司法规定，50%就是持平，大于50%，比如51%，就具备了相对控制权。意思就是，在相对的权力范围内，我们是可以做主的。但是，如果对方有一票能达到35%

的比例，那么这一票就有否决权。这时，51%的持股人就不是绝对说了算，而是相对来说有一定的控制权，所以这个比例称为相对控制线。

3.安全控制线。

34%安全控制线。根据规定，重大事项要求三分之二以上股东表决通过，所以如果其中一名股东占比超过三分之一，并且表示投反对票，那么就能达到一票否决的效果。因此，持股比例在34%以上的股东，在表决上拥有一定分量的话语权。

持股34%的股东虽然不能绝对说了算，但是如果大股东提出的理念不符合公司的利益，或者损害其他股东的利益，那么该持股人可以一票予以否决。一旦公司很多方案无法落地执行，公司就会处于停滞状态，所以说34%是一个很重要的坚持点，可以间接地影响公司的重大战略决策和进程。

股权的三条生命线，67%、51%、34%，代表3种不同的权利，代表大股东在执行战略政策上想有的决策权力的力度，以及绝对的核心指挥权力，所以一定要控制好。在设计合伙人模式的时候，我们要根据这三点，以及公司的性质和属性，找到自己的位置，拿到自己合理的权益分配空间，控制好公司的发展，包括现在、过去和未来，做合伙人机制的玩家。

举个例子，某公司共有100%的股权，给投资人留10%~20%，给员工和外部资金留10%左右，或者5%~15%，那么公司自己可以留67%到70%或75%，不能超过80%。这就形成了三个区间，从未来的投资方到创始合伙人，再到未来的员工股权和期权。我们可以根据

公司不同的性质设计不同的股权比例，让公司的控制权牢牢掌握在手中，也就是说达到67%的标准，拥有绝对控制权。同时，在合伙人团队中，以及和投资人之间，留下足够的弹性空间，提供相互的融资通道。

当然，我们也可以把合伙人的通道设计到51%的相对控制线，把投资人的相对稀释，留20%~30%，员工的留10%~20%，这些都是可以根据需要随便调控的。

但是，如果你的公司是人才密集型的，而不是知识密集型的，也不是资金密集型或资源密集型的，那可能就需要分散股权。在这种情况下，我们可以把公司的底线设置到多少呢?

我们可以将合伙人、创始股东所占比例设置到35%~37%，剩下的根据具体情况将投资人设置在10%~30%，员工、顾问或核心团队设置在20%~30%。也就是说，我们可以通过一个相对的均衡，间接地控制和影响公司，比如把投资人和高管的股份的投票权代持在我们手里，或者执行一致行动人协议，或者加入AB股计划。

4. 创业初期必须杜绝的股权结构。

（1）平均分配。

这种分配方式感觉对创始团队的每个人都比较公平，其实这是最不理智的分配方式，当股东发生意见不合时，公司的CEO是没有决策权的，这对公司未来的发展有很大的制约作用。

（2）51%、49%的分配方式。

51%、49%，或者35%、33%、32%，这样的股份结构也是比较危险的。因为老大也做不了主，要充分和老二去协商，如果两个人的意见相左就不利于公司的发展了。

（3）50%、25%、25%的分配方式。

如果有一天老二和老三联合，老大是可能被踢出团队的。所以，在初创期，老大一定要绝对控股。

综上所述，最好的股权设计专家能够针对公司的股权性质、公司的股份结构、合伙人的能量等，灵活地处理公司的合伙人比例和员工持股，以及掌握期权池、融资的股权空间和自己的控制空间，让公司的主权牢牢把握在自己手中。在做顶层设计的时候，能够给公司留下很好的空间，以保证公司在运作后期不会出现战略性的失误，避免给公司和创始人团队留下重大的战略损失和战略阴影。

一般合理的股权架构

作为合伙人体制，要会充分设计股权的架构比例。那么，一般的股权架构是怎么合理分配的呢？

正常情况下，大部分非资源密集型及非资金密集型公司，其创始人股份比例会控制在51%~66%之间。

如果是联合创始团队，核心管理团队成员可能有2~5位，包括人力资源、管理、技术、运营、营销等核心职位成员，至少要给予每人5%，重点核心职位甚至要达到10%，这些联合创始人才会有存在感和价值感，大家才会有动力一起去做好这件事。

因此，如果是正常的合理的公司，联合创始人的股份一般要保持在20%~30%，这不仅能够体现合伙人的价值和意义，鼓励合伙人的

积极性和参与感，同时创始合伙人还能够控制公司，成为公司的绝对控股股东、相对控股股东，在控制公司的管理工作上不会出现问题。

此外，还要预留一个合理的期权池，用于在公司发展过程中不断地引进高管，组成未来的核心竞争力，形成公司的事业合伙人。通常，期权池要根据公司联合创始人团队的强弱而设置。

如果联合创始人非常厉害，个个都有一技之长，那么可能期权值 5%~10% 就够了。如果你的公司发展得比较大，过去的联合创始人已经不能胜任某些核心职位了，那么期权池就要进行释放，加大到 10%~20%，以确保未来的高管能够参与到企业经营中，享受到身股的分红或期权的分红、期权的价值，给公司带来源源不断的发展动力。

总而言之，股权比例的设置及期权池的应用或释放空间，要根据企业性质的需要，满足企业团队发展的需求。要发挥人才杠杆，让一流的人才会聚到一流的企业，而不能够让企业的发展受到股权瓶颈的限制，导致一流的人才进不来或流失，让公司失去发展的核心竞争力。

所以我们可以清晰地看到，设计一个合理的股权架构，要根据公司的性质、企业的发展阶段、公司团队的运作能力来灵活地设计、快速地匹配，才能给公司带来未来做股权设计的玩家合伙人。

预留期权池的标准

期权池，即企业在融资前为未来引进高级人才而预留的一部分股份，用于激励员工（包括创始人自己、高管、骨干、普通员工），是初创企业实施股权激励计划普遍采用的形式，在欧美等国家被认为是驱动初创企业发展的关键要素之一。

在不同的行业里，期权池的股权激励价值是不一样的。一般情况下，我们留 10% 左右的期权池。

对于老板驱动型企业、资金密集型企业和资源密集型企业，一般留 5%~10% 的期权池就足够完成对团队的激励。对于人才密集型企业，则期权池需要达到 30%~50%。比如，360 公司就达到了 40% 左右；华为以研发创新为主题，达到了 98%，基本上全部释放给了团队。因此，我们可以看得到，股权池的设置要根据公司的目标，以及创始人的价值观、诉求和梦想来调整。但只要是人才密集型企业，期权池一定要达到 20%~50%，甚至 30%~50%，才能更好地挖掘团队的潜力，体现团队的价值。

但是，这种合伙人权力的释放，通过什么样的方式实现呢？是购买还是赠送，还是以期权或身股的方式，让合伙人享受这些价值和福利呢？

相对来说，期权池的作用尤其重要。当然，如果你有足够的胸怀，已经把个人利益置之度外，只在于成就一方千秋伟业，成就团队，成就客户，成就利他之心，已经不把钱看得那么重要的话，那么你也可以像华为创始人任正非一样，把 90% 以上的股权分享给合伙人团队。但是，这相当于老板在为员工、合伙人搭建创业平台。只有拥有极大的胸怀和格局，并且突破了自我和名利，到达企业家、企业领袖层次的人，才能做得到。

所以，预留期权池的标准，我们可以根据企业的性质、企业领导人对企业的定位，以及企业的竞争情况，做灵活的设置。这个范围从 10% 到 90% 不等，甚至更多，可以根据自己的需要来灵活自由地设置期权值的多少。可以说，这是一个很有弹性的标准。

合伙人股权设计的要点

我们再次回顾一下，合伙人股权设计的三条线：66.7% 是绝对控制线，象征着绝对的权力，可以控制、决策企业的一切；50.1% 以上是相对控制线，可以相对地决策，因为可能存在持股比例在 33.4% 以上的股东拥有一票否决权；33.4% 是安全控制线。也就是说，当公司发展到一定的程度，股权被高度稀释后，如果你还能掌控 33.4% 以上的股份，那么你依然可以间接影响这家公司的决策。

所以，企业老板要充分使用好这三条线，做出正确的股权设计，让企业在任何发展阶段股权都处于可控、间接可控和直接可控的状态，从而做出对自己最有利的选择和保护。

很多企业就是因为投资人的股权分布不合理，造成了重大损失，失去了企业的控制权。比如，真功夫的蔡达标、俏江南的张兰、乐百氏的何伯权、大娘水饺的吴国强、雷士照明的吴长江等，都失去了对企业的控制权。

企业是企业家养大的孩子。当你把企业亲手做大，做成一家大公司之后，令你最伤心的不是你没有多少钱，而是你感受到你的企业再不听你的使唤。你做不了决策，眼睁睁地看着企业走向邪路，走向歪路，甚至破产倒闭。按照错误的方式进行，这是一个企业家最不能接受的事情。如果你亲手创造或扶植了一家企业，最终却因为失去了企业的决策权而导致企业衰败和衰亡，这将是一种巨大的精神打击。

所以，企业家要在企业经营之初就具备顶层设计的能力和长远的战略发展眼光，对企业的股权设计模式和股权架构做充分的预留准备和空间，把公司控制权掌握在自己的手里，对公司才能真正地长久地持续地负责，这是企业家必须掌握的。

合伙人股权设计法则

在设计股权的时候，不同的合伙人，他们的重要性、性质及倾向性是不一样的，他们对股权的诉求也不一样，所以在进行股权设计的时候，给他们的权益的分享和价值的定位也不一样。

那么，如何定位合伙人性质，了解他们的价值点？如何根据他们不同的角色，分配相应的合伙人权益呢？

接下来，我们做一个深入而科学的股权架构价值点的解读。

创始合伙人：控制权

第一类合伙人叫作创始合伙人。创始合伙人的核心价值点是控制权。

马云就非常看重控制权、决策力及影响力。虽然现在他仅持有阿里巴巴 7.8%的股份，但是由于美国的A/B股制度允许合伙人以少量的股份控制整个公司的决策与运营，所以他仍然牢牢地掌握着阿里巴巴的控制权。

创始人一定要看重控制权，如果不看重控制权，那么公司的发展可能会遭遇危机。失去了控制的大船或大巴，可能随时触礁、随时撞车等。人生莫大的悲哀是亲眼看到自己一手创造的东西，毁灭在别人的手里，而自己无能为力。

投资合伙人：回报率

第二类合伙人叫作投资合伙人。投资合伙人看重的是什么呢?

投资合伙人不看重控制权、管理权，他们只看重自己的回报是不是最大化。他们的价值点在股权价值当中，只看回报率。只要不动他们的奶酪，让他们的利益最大化，那么他们就得到满足了。

如果一个投资人对企业的控制权提出了要求，那么企业经营者就要警觉了，这个人可能将来对公司的发展造成重大的危害，因为他的价值点偏离了。这说明这个人可能权力欲望非常大，他不看重投资应该追求的资本的价值回报，可能存在将来会夺权的可能。

因此，投资有时候并不是越多越好，关键要看投资人的初心是什么，这是所有企业经营者要掌控的问题。

创业合伙人：参与权

第三类合伙人叫作创业合伙人。这类合伙人看重什么呢?

创业合伙人看重的是参与权。当初一起打江山闯天下、同甘共苦的兄弟，如果也和普通员工一样，没有一点参与权，那么他们会感觉作为合伙人的权利被剥夺了一样。这是不能被接受的。

作为你的联合创始团队，他们不一定谋求控制权，但是你要给他们基本的尊重，要让他们比核心员工和高管团队拥有更多的权力，有参与决策的权力。他们对股权的价值的控制更多是能够参与企业的大、中、小的决策，体现出他们身份的不同、参与权的不同、价值感的不同、受尊重的不同。这种参与权会让他们体现出超越金钱以外的价值。

事业合伙人：收益权

第四类合伙人叫作事业合伙人，也叫高管级别的、身股类的、期股类的合伙人。这类合伙人看重什么呢?

他们不看重控制权、话语权，而看重收益权，即自己手里的股权能产生多少价值，公司什么时候能上市，能变现多少钱，等等。如果一家公司的股权很有价值，那么这家公司对他们就有吸引力；反之，则没有吸引力。所以，对于核心股东、核心高管、事业合伙人，你分给他期权也好，身股也好，他们只看重一个东西——收益权。

我们要灵活理解每一类合伙人的性质和需求，以及他们关注的价值点，将不同类的合伙人归位，给予他们该给予的物质条件和足够的尊重，让他们在说话、定制度、定规则的时候，回归到自己的位置，说该说的话，做该做的事。

换言之，如果是创始合伙人，你不要想去剥夺他的控制权；如果是投资合伙人，你一定要让他获得他应有的最大化利益；如果是创业合伙人，你要让他有参与权，体会到自己的事业价值和尊重；如果是事业合伙人，你要让他知道未来的收益在哪里。对于每一种合伙人，都要抓住重点，否则，轻则影响合伙人的积极性，重则导致团队分裂，影响公司的战略决策和正常运作，甚至给公司带来致命的损失。

所以，把每一类合伙人放到自己的价值点上，让他们在自己的位置说该说的话，找到核心的诉求，这才是完美的合伙人股权设计至高无上的共赢法则和科学法则。

合伙人股权设计注意事项

对于合伙创业公司，在设计股权架构的时候一定要遵循一些原则：公平、效率、控制权，这样有利于资本运作和公司长期稳定的发展。

因为，如果不公平，就会引起内部矛盾。如果没有效率，就会导致竞争力的下降。如果控制权丧失，对于企业的管理和交易方向，就可能造成战略性的失误。如果不利于资本的运作，也没有了空间，相对来说未来企业的发展就会大大地受阻。

在这里，我们主要从以下几点来进行说明，帮助大家了解合伙人股权设计的注意要点。

公司股权要规范化

公司股权不规范的企业，是无法做合伙人体制设计的。

所谓合伙人的股份要明确，股份要清晰，股权多少，期权多少，身股多少，实股多少，什么时候给，怎么给，必须有条有文有章有节地进行规范化、标准化。

比如，要留多少期权给未来的管理股东，有多少股份是留给A轮融资、B轮融资让资本市场运作的，到什么时候公司的创始人要保持多少控制权，这些股份的规范权力及顶层设计的能力，必须把它严格

地从顶层设计确定下来，并且有的甚至要写入公司章程。因为一个不规范的、偏离行业标准的股权设计架构会让公司掉入种种陷阱，会对融资不利，对合伙人的引进不利，会对公司的控制权各个方面带来诸多灾难，给公司造成重大的战略损失。

主营业务要清晰

一个公司主营业务不清晰，那么你公司的股权价值的估值和增长值就无法正确估算出来。比如你是做服装的，但你又搞了一家卖煤炭的公司，一家卖橡胶卖轮胎的公司，所有合在一起都属于一个公司，但是主营业务不清晰，也没有关联性，将来公司的估值就很难评估。所以，在合伙人股权设计的时候，要保持公司业务方向的稳定性，不能犯战略性的错误。主营业务清晰，公司的股权价值才能体现出合伙人的终极价值和股权的增值价值。

要有绝对的核心股东

作为公司的合伙人，我们本身不能全方位地控制公司，但是我们要有主心骨，要有拍板的，有决策的，有配合的，有敲边鼓的，等等。如果一个公司没有绝对的核心股东，股权过于分散，就意味着公司分裂，将来在发展过程中就会出现很多不必要的问题，导致内部失衡甚至失控，或者导致公司毁灭和灭亡。

所以，如果没有绝对的有领导力和控制权的核心股东，股权的合伙人机制越分散，公司将来可能死得越惨。公司的目标可能会被分散的股权撕得粉碎，最终由于没人有统一能力、价值能力，而使公司这艘船失去方向，最后沉入汪洋大海。在这艘船上的合伙人也会受到巨大的伤害，合伙人的股权价值、未来价值都会变更为零。

以融人为核心

合伙人分股权，不在于融钱，而在于融人、用人、吸引人、留住人，然后取得团队共赢。

如果合伙人不以融人为中心，变成以融钱为中心，那么性质就变了，团队就无法搭建起来。合伙人主要就是搭建高管团队、借力创业，所以真正的企业家，他融的不是钱，而是人。因为事业是人做的，没有卓越的团队，自然做不出优秀的企业。

小米创始人雷军说，单靠一个人单打独斗、包打天下的时代已经过去，未来创业的趋势将是合伙人制。尤其是互联网知识经济时代，要把最优秀的人才凝聚在一起。小米是由五个“海归”、三个“土鳖”八个独当一面的合伙人共同组成的。它给我们的启示是：要想创业成功，就要找到最聪明、最能干、最合适干、最有意愿干的创业人才一起干。

因此，对于合伙人、团队而言，企业股权的稀释、股权的分配，不要以钱为中心，而要以人为中心，这样将来才能够拥有一流的团队，才能做出一流的企业、一流的事业。

经典案例：

互联网时代人力资本如何定价

假设有3个创始人，分别是A、B和C，他们需要100万元启动资金，经过讨论后达成一致：A出资50万元，B出资30万元，C出资20万元，相应的股权占比为50%、30%、20%。

我们可以很容易地看出，这种股权分配模式背后的逻辑是：基本按照出多少钱分多少股权。这是很多创业者根深蒂固的观念。在我们的公司法中，也是这么规定的。但是，这种股权分配模式对钱的定价是100%，对人力的定价则是0。

电影《天下无贼》里面有一句经典台词："21世纪什么最贵？人才！"很显然，上述的传统股权分配模式已经不适合如今的互联网时代。

果然，创业没多久，B因为与A、C相处不睦，提出了离职，于是，一个重要的问题出现了：B出资30万元，占股30%，该如何处理？

B不同意退股权，理由是：公司法中没有规定股东离职时必须退股，公司章程里也没有规定股东离职时必须退股，公司协议里也没有这一规定，而且在大家分配股权时也没有讨论股东离职时需不需要退股的问题。何况这30%的股份是他花钱买的，他没有理由退股。

A和C傻了眼，虽然他们认为这样不公平，也不合理，但是又找不到合法的理由把股份收回来。如果10年后创业成功了，离职的老二突然回来说，10年前他掏了30万元，占有30%的股份，这是他的。那岂不是白忙一场？

那么，什么是公平、合理的股权分配方式呢？

我们认为公平、合理的方式是——谁创造价值，谁分配利益。具体有三个原则：谁创造主要价值，谁分配主要利益；谁创造次要价值，谁分配次要利益；谁不创造价值，谁不分配利益。

这种股权分配问题不仅体现在刚创业的创始人身上，有些创业多年的创始人也存在类似问题。有些投资人投项目，股权也有类似问题。其根本原因在于，价值创造的主体发生了变化，价值分配没有做出相应的变化。

农业时代，主要价值创造者是土地，组织重资源，价值分配者是地主；工业时代，价值创造者是货币，企业重资产，价值分配者是资本家；互联网时代，价值的主要创造者是人力，很多公司已经不是资金、资源驱动型，而是轻资产的人力驱动型，价值分配者是创始人。

从下面具有代表性的三家公司最早的启动资金和市值，我们就可以清楚地看出，互联网时代，价值的主要创造者不是资金，也不是资源，而是人力。

公司名称	启动资金	市值	1%股权投资价格
滴滴	80万人民币	1200亿人民币	12亿
腾讯	50万人民币	1569亿人民币	15.6亿
苹果	1250美元	6653亿美元	66.5亿

由此我们也可总结出两种不同股权分配模式：

第一，物力资本模式。农业和工业时代，很多组织都是资金、资源驱动，出钱、出资源的人分配主要利益。

第二，人力资本模式。互联网知识经济时代，我们既要对钱定价（是对股东历史贡献的认可），也要对人定价（对股东未来贡献的认可）；对人力贡献超过物力贡献的企业，人力资本占股应该超过物力占股；对人力资本要有激励也要有约束机制。

那么，如何确定资金占股和人力占股的比例呢？这要根据企业类型而定。从价值创造的角度，我们将企业分为三种类型：

资源驱动型：典型的有垄断型国有企业，资源占大股；

资金驱动型：典型的有风险投资机构，资金占大股；

人力驱动型：典型的有信息科技公司，人力占大股。

在互联网知识经济时代，我们建议资金股和人力股的比例为2∶8。并且，如果启动资金在50万元以内，资金占股最好不超过10%；启动资金在100万元以内，资金占股最好不超过20%。假设出资100万元，那么根据资金股和人力股的比例2∶8，则公司估值为500万元，人力估值为400万元。这就是对人力资本的激励机制。

按照这个思路，该案例就有另一种更好的分配方式：A、B、C按照出资额50万元、30万元、20万元进行总共20%的资金股分配，剩下的全部转为人力股。这就充分肯定了人力的价值，并给予了相应的激励。

有了激励，还需要一定的约束机制和回收制度。我们建议用限制性股权，约定兑现条件，并且如果中途离职，公司可以按照事先约定的价格进行回购。

股权兑现机制常见的有 4 种：

第一种，分 4 年，每年可兑现 1/4；

第二种，第一年可兑现 10%，第二年 20%，第三年 30%，第四年 40%，逐年递增。如 360，采用的就是这种机制。

第三种，全职满 2 年可兑现 50%，第 3 年 75%，第 4 年 100%。如小米，采用的就是这种机制。

第四种，国外常见的股权兑现机制：5 年，满 1 年可兑现 1/5，剩下的每月 1/48。

如果在创业过程中离职，面临股票回购，那么需要确认回购价格。对没有到期可兑现的股票，建议以用原始价格回购。对已经到期可兑现的股票，一种方式是不回购；一种方式是回购。

如果回购，价格可参考：购买价格的溢价；公司净资产的溢价；公司近期一轮融资估值的折扣价。这里，折扣价是合理的。如果不按照融资估值的折扣价回购，而是完全参照估值回购，则很可能发生这样的情况：一个重要的合伙人离职，公司的融资可能还不够回购该合伙人所持有的股份，导致公司现金流压力巨大。

第八章

弱势合伙人如何控制公司

用制度来减少『阵痛』

合伙人模式走向死亡的四个阶段

驾驭『规律』，避开『沼泽』

阿里合伙人制度

如果你是一个公司的创始人，你的股份被大范围的资金所稀释，最后仅剩很少很少的部分，甚至百分之几个点或十几个点，在正常的权衡利益上已经不能够完全控制。这时，弱势股东如何以很少的股权掌控公司的命运，把公司牢牢控制在自己的手中呢？这也是作为一个未来的企业家必须掌握的核心的企业操控技巧和顶层设计能力。

下面我们主要介绍四种模式，帮助弱势股东掌控强势股东和公司。

有人说，未来的竞争是人才的竞争。马云提出，未来不是人才的竞争，而是合伙人制度的竞争。马云把合伙人上升到了一种机制、制度，为什么？

互联网企业创业初期往往是要“烧钱”的，要有大量的资本投入。“烧钱”势必减少创始人在整个企业股权之中的占比。按照传统的同股同权，最后创始人股权会被稀释到在企业组织中没有话语权的地步。

马云为什么能在所持股权不超过10%的情况下，掌控80%以上的投票权呢？这得归功于突破传统股权制度的阿里合伙人制度。

所谓阿里合伙人制度，其本质在于董事提名权，它不是按照股东持股比例来提名董事，而是由管理层选择确定的合伙人来提名董事。

马云仅持有阿里巴巴 7.8% 的股份，却掌控了公司 80% 以上的投票权。这是因为马云和他的管理团队在公司章程里就确定了公司的性质是合伙人性质，公司的经营管理权永远归合伙人管理层所有，而不归投资人团队所有。公司的管理权、经营决策权，尤其是战略决策权、董事会合伙人的提名权力，由创始人和管理团队所持有。投资人仅享有分红权和回报权。

简而言之，阿里巴巴是一家合伙人性质的企业，是一家管理运营团队说了算的企业，而不是一家资本说了算的企业。

所以，阿里巴巴的管理团队能够牢牢控制公司的命脉、命运和未来。美国雅虎一度持有高达 40% 的股权比例，日本软银也曾持有高达 20% 的股权比例，但是他们在阿里巴巴决策全局战略委员会里面没有话语权，他们不占据主导地位。

像马云和他的管理团队一样，将合伙人制度写进公司章程，把阿里巴巴变成一个合伙人性质的企业，而不是投资人谁的股份多谁就说了算的一个企业。这种方式是弱势股东控制强势股东、控制公司的一种主流模式。

同股不同权

在京东的不断发展中，创始人刘强东的股权在多次融资后股权遭到稀释，在完成对1号店的收购后，刘强东的股权只有不到20%了。为什么刘强东仅持有不到20%的股份还可以牢牢地控制京东呢？

他用的就是同股不同权模式。他把股份分成A、B股，假设投资股叫B股，和A股享受不同的投票权。假设一家公司有100票的投票权，创始人持有10%的股份，投资人持有90%的股份，B股与A股的投票权比例为10∶1，那么创始人有10票的权利，投资人就只有9票的投票权。所以，即使你只持有公司10%的股份，你仍然可以控制整个公司，拥有绝对的决策权。

这就是同股不同权，“同股”是指同样的股票，享受同样的收益，“不同权”指的是公司的投票权、决策权不同。这种同股不同权的制度，可以让刘强东牢牢地控制京东的投票权。尽管他不是大股东，但是公司所有的战略决策都是由他和他的管理团队说了算。

从世界范围来看，大多数国家和地区实行的都是同股同权，只有少数国家如美国、加拿大，实行同股不同权。这些国家的同股不同权，主要采取A、B股的双层股权架构，其中A类股面向外部投资者发行，每股对应 1 票投票权或无投票权，而B类股通常是创始人、管理层等持有，每股对应N票的投票权。比如大家熟悉的谷歌、脸书等，采取的就是同股不同权的架构。

投票权杠杆

2016年4月26日，蚂蚁金服正式对外宣布，公司完成B轮高达45亿美元的融资，成为全球互联网行业迄今为止数额最大的单笔融资。至此，蚂蚁金服的总市值高达600亿美元，约合人民币3900亿元。令人吃惊是，马云仅仅花了3010万元就控制了这家巨无霸公司。

这里就用到了投票权杠杆。投票权杠杆和同股不同权有点类似。蚂蚁金服（蚂蚁金融服务集团）采用的就是投票权杠杆模式。在蚂蚁金服上市之前，马云持有蚂蚁金服的股份也不超过10%，但是公司规定他拥有蚂蚁金服一半以上的控制权。这种将投票权进行数倍放大并发挥出来的模式，就叫投票权杠杆。

如果能把投票权杠杆利用好了，那么无论公司怎么发展，引进多少投资人，股权如何稀释，只要将投票权杠杆规则写进公司章程、未来的合伙人协议和投资人协议，所有的投资人和融资人都必须无条件服从，创始人就能够获得对公司的绝对控制权。

这是我们介绍的弱势股东控制强势股东和公司的第三种手段和模式。

代理投票权

第四种是我们中国人常用的叫一致行动人协议，也叫代理投票权。

一般情况下，大股东都会自己参加股东会，不需要委托他人代为投票。需要投票的通常是小股东。小股东由于股份比较少，人数众多，又散居全国乃至全球各地，不少股东不愿为出席股东会而支出巨额的交通、食宿费用，以及其行使表决权所花的时间，更有不少股东由于一些主客观原因不能亲自出席股东大会，于是代理投票制度应运而生。由此可见，代理投票制度的初衷，是帮助小股东实现其意志，维护其权益。

这里所谓代理投票权模式，就是说公司在引进股东时要求股东必须签订一个一致行动人协议，同意只享有收益权，并将投票权给一致行动人代理，无条件服从创始股东的决策。

签署了一致行动人协议，就相当于失去了所有的投票权，只能无条件服从和无条件支持创始股东。

一致行动人协议，可以让代理投票权的功能彻底发挥出来，让企业的创始人和创始团队快速地绝对地牢牢地控制公司的未来。这和股东和增资多少没有任何关系，也不受其影响。

这就是弱势股东控制强势股东和公司的第四种模式。

经典案例：

持股不足9%，马云为何拥有绝对控制权

2009年9月10日，在阿里巴巴10周年晚会上，阿里巴巴集团董事局主席马云宣布，18位阿里巴巴创始人将于当晚辞去“创始人”的身份，以后将变成集团合伙人。

2012年，阿里巴巴网络从香港私有化退市。2013年，阿里巴巴集团准备重新在香港上市。但阿里巴巴的合伙人制度导致股东同股不同权，不符合香港上市公司规则。香港证券交易所强调，为保护中小投资者利益，必须同股同权。但美国资本市场承认同股不同权，认为人力资本具有比货币资本更大的话语权。因此，阿里巴巴选择赴美上市。

2014年，阿里巴巴赴美国上市前，首次完整地公布了合伙人名单，共27位合伙人。其中，“十八罗汉”中有7人成为合伙人，包括马云、蔡崇信、彭蕾等；2004年前进入公司、由公司培养出来的合伙人共有9位，2004年后从社会引进的，涉及财务、法务、技术等各个专业领域的高层次管理人员有11位。这27位合伙人中，22人为阿里巴巴集团的管理层（两位合伙人同时兼任小微金服管理职务），4人为小微金服管理层，1人为菜鸟网络的管理层。

2014年9月6日，在阿里巴巴上市前夕，阿里巴巴更新招股

书显示，阿里巴巴合伙人新增 3 人，分别来自阿里云技术团队、小微金服集团技术团队、人力资源及组织文化团队。从新增 3 名合伙人的工作背景我们不难看出，阿里巴巴的合伙人体系与管理体系正在慢慢分开，即合伙人不等于管理者。

2015 年 12 月，阿里巴巴集团又增 4 名合伙人，分别是阿里移动事业群总裁及阿里妈妈总裁俞永福、阿里巴巴集团副 CFO 郑俊芳、蚂蚁金服集团财务与客户资金部总经理赵颖，以及阿里巴巴农村淘宝总经理孙利军。

2017 年 2 月 24 日，阿里巴巴集团再次宣布新增 4 位合伙人，分别是蚂蚁金服平台数据事业群研究员胡喜、天猫事业部产品技术部研究员吴泽明、阿里巴巴集团董事局办公室研究员闻佳、蚂蚁金服人力资源部资深副总裁曾松柏。至此，阿里巴巴的合伙人共为 36 人。

阿里巴巴的合伙人制度是分层的，阿里巴巴董事局主席马云和执行副主席蔡崇信是永久合伙人，普通合伙人有 30 多个，还有荣誉合伙人。比如 2016 年 8 月，阿里巴巴原 CEO 陆兆禧与原淘宝网 CEO 姜鹏退休，成为荣誉合伙人。荣誉合伙人不能行使合伙人权利，但有权从延期奖金池中获得分配。普通合伙人，要求在阿里巴巴工作 5 年以上；拥有一定的阿里巴巴股份；具备优秀的领导能力，高度认同公司文化，并且对公司发展有积极性贡献，愿意为公司文化和使命传承竭尽全力。合伙人的进入与退出都由合伙人内部决定，无须经过股东大会。

永久合伙人和普通合伙人享有资金分配权和董事提名权。董事会的多数成员由阿里巴巴合伙人提名（与股份比例无关）；经提名后的董事候选人，由股东大会过半数通过；如果阿里巴巴合伙人提名的董事未获得股东大会选举通过，或者该被提名人离开董事会，阿里巴巴有权另外任命一人为临时董事，直至下一届股东大会召开。

阿里巴巴与软银和雅虎签署了一项投票协议，即软银和雅虎同意在每年股东大会上投票赞成阿里巴巴合伙人提名的董事候选人。因此，只要软银和雅虎仍是大股东，阿里巴巴合伙人提名的董事将在任何一次会议上获得多数票，并将当选为董事。

为了保证合伙人这一权力的持续有效性，阿里巴巴还规定，如果要修改章程中关于合伙人提名权和相关条款，则出席股东大会的股东所持表决票数必须95%以上通过。

这就意味着，管理团队只要持股达5%，则其他股东就无法修改合伙人制度！可见，合伙人的“董事提名权”是如何坚不可摧。

阿里巴巴合伙人拥有了超越股东的董事提名权和任免权，即使只持有小小的股份，也能够通过合伙人结构控制公司。这就保证了创始企业家在引入大量资本，帮助其完成市场布局、形成商业模式的过程中，保证人力资本不仅有价值权，还拥有控制权。所以，持股不足10%的马云能够牢牢掌舵阿里巴巴集团。

第九章

合伙人模式走向死亡的四个阶段

驾驭『规律』，避开『沼泽』

第十章

合伙人散伙法则

回归初心，方得始终

蜜月期，同心同德

合伙人也不可能合伙一辈子，夫妻结婚也可能有离婚的时候，合伙期间也有分开的时候，这是正常的。就像任何事物都会经历成长、发展、衰退、死亡四个阶段一样，在企业发展过程中，合伙人模式走向死亡通常也分为四个阶段，这四个阶段几乎是大大小小的合伙创业企业都会经历的。

据统计，99%的创业最终都以失败收场。这99%的失败案例中80%的结局是合伙人不欢而散，矛盾、法律纠纷伴随而来。这些合伙人是如何从当初的如胶似漆、亲如兄弟走到形同陌路，甚至最后变成仇人的？这个过程会经历哪几个阶段？我们该如何规避呢？

了解了这些之后，在建设合伙人团队、发展组织的过程中，只要公司发展至某个阶段，我们就可以积极应对，将局面扭转至好的一面，从而给我们提供更有价值的思考。

在刚开始合伙时，大家都怀抱梦想，充满信心，渴望和一帮志同道合的人一起做一件有价值的事，一起实现伟大的梦想。

就像一个人没有谈对象的时候一样，刚开始都梦想着白雪公主和白马王子的故事，这时候同心同德，就像一对恋人一样，刚开始谈对象的时候，彼此还没有相处，还没深入了解时，对对方都充满了期待，都把自己包装得很好，把对方也想象得很好。

这时候是没有负能量的，什么事都好说，什么利益也好分，大家也不计较，都表现得无比大度和宽容，仿佛遇到了人生知己，都倍感珍惜，没有任何的摩擦和不愉快。这个时期就叫同心同德期，也叫蜜月期。

怀疑期，同床异梦

蜜月总是短暂的，转眼便回到了现实。公司运作两三个月或五六个月后，这时合伙人们开始发现，做公司并没那么简单。

理想很丰满，现实很骨感。眼看半年就快过去了，公司还没开始赢利，这时大家都有很大的压力，压力无处释放时就会对着团队成员释放，导致大家彼此之间相互抱怨、产生隔阂，内部开始分裂，甚至开始怀疑梦想是不是错了，是不是找错人了，是不是团队有问题，或者合伙人有问题?……虽然大家还在同一张床上，但是已经做的不是同样的梦了，甚至各自已经做好了最坏的打算。所以，这一阶段我们也把它叫作同床异梦期。

在第二阶段，会因为角色的冲突、性格的冲突、大局观的不够、权力分配的不同，或者公司短期内没有赢利，给团队内部造成巨大的压力，从而滋生出怀疑和不信任，导致团队内部产生内在的、潜在的矛盾，开始同床异梦。

在常规的拓展训练中，有一个项目叫信任背摔，即一个人背对团队站在高台上，向后倒摔，下面的团队伸手安全接住。上面的人，因为相信下面的团队会且能安全接住自己，所以敢往后倒；下面的人，因为相信团队的其他人会且能共同努力完成接的动作，所以会伸出双手去接。这就是信任，也叫游戏规则。

在枪战中，也常有一个团队作战的场景：一小队战友，背靠背地进行搜索、射击，扩大射界和观察面积，消除盲点，防范背后的偷袭。这种信任，不是游戏，而是作战规则，是生死存亡的必然要求。

在公司内部，上一个环节的产出，交付到下一个环节使用，再向下游流转，相互之间，也需要做到对交付时间、质量等要求标准的信任，否则，业务就很难高效开展。

所以，不管是组队，还是做事、玩游戏，相互之间的信任是必不可少的，也是至关重要的。信任，是合伙机制的基石，一旦缺少这个基石，相互之间怀疑不断，合伙组织就很难建立起来，即使建立也会纠纷不断，甚至土崩瓦解。

万科在内部推行事业合伙人计划时提出一个概念，叫背对背的信任，意思是说，在险象环生的发展竞争压力下，可以把自己最难以防范、最可能遭受攻击的位置——后背，放心地交给可信任的同伴。管理层的用意，就是在强调合伙互信的重要意义。

摩擦期，同室操戈

怀疑期之后，接下来就会进入第三阶段——摩擦期。

合伙创业大半年，公司却没挣钱，大家心情都不愉快，有的说公司发展不好是营销做得不好，有的说是决策失误，有的说是团队不配合，等等。总而言之，这个时期开始矛盾重重，合伙人团队内部可能会出现小规模的拉帮结派、相互攻击、相互推卸责任的现象，甚至有的要退钱终止合作。我们将这个时期称为同室操戈的摩擦期。

中国人的观念是只接受成功，不接受失败。这个观念，如果用来要求自己可以，但是如果用来要求别人，那就是不合理的。凭什么你只能接受成功，不能接受失败？难道你自己创业就不会失败吗？你自己创业就不会担风险吗？为什么你和别人一起创业担风险就不接受呢？

其实，通过合伙创业，大家不仅分摊了风险，而且即便失败了，大家还可以相互鼓励，再接再厉，再创一番新事业。但是中国人常常喜欢内耗、窝里斗，好了、赚钱了是自己的功劳，不好了、赔了就都是别人的责任。

进入了摩擦期之后，合伙团队成员之间就开始“你给我一剑，我戳你一刀”，“他这里有问题，你那里有错误”，相互埋怨，相互伤害，结果公司就成了一个负能量的聚集地。即便能活下去的企业，最后也可能死于内耗。

这些问题其实都是因为团队的格局狭隘、缺少担当、缺少大局观和责任感导致的。要知道失败是正常的，成功毕竟是少数。并不是说有合伙人了，创业就百分百成功了。合伙人只是分担了风险，要学会协作，学会感恩，要知道大家都在一条战壕里，不可能永远只打胜仗，不打败仗。打了败仗，也不要相互埋怨，大家再一起想办法怎么打赢下一仗，这才是正确的方法和思路。

但是，中国人往往不讲规则，只以成败论英雄，结果在合伙创业的过程中，往往开头是兄弟，最后成了仇人，这不仅会给创业成功增加难度，而且会导致企业失去很多机会。

定性期，官司争斗

第四个阶段叫作定性期，也称纠纷期。

这个时期，合伙人团队内部开始争论谁的贡献大，谁的付出多，谁应该多分家产，各说各有理，谁也说服不了谁，结果轻则小打小闹，重则引起官司纠纷，最后兄弟成仇，姐妹反目，大家老死不相往来。

从最开始的蜜月期到怀疑期，再到摩擦期，最后到官司争斗的定性期，合伙人也实现了从当初的梦想到最后的不敢再想，从当初的天堂的想象到最后的地狱般的现实的心态转变。

我们说，100 家创业公司中 90 家以上的公司最终会失败，而在 90 多家失败的公司当中有 50% 以上的走到了第二阶段，即矛盾爆发阶段。10%~20% 甚至 30% 的公司走到了同室操戈的阶段，甚至有 10% 左右的走到了官司争斗阶段。在所有合伙创业失败的企业中，只有 30% 左右的能够从失败当中走出来，懂得相互担当、相互分享、相互激励，再次挽起手来，勇往直前。他们知道，在成功的路上，兄弟抱团打天下总比一人单打独斗强。

中国人往往不懂得分享、付出、担当、协助和共赢，所以说 50% 以上的合伙人在创业失败的过程中伤了感情，伤了亲情，失去了伙伴，失去了战友，从而造成了比创业失败更大的心理创伤和损失，酿成了无法挽回的悲剧。

经典案例：

从"家族合伙"到"反目成仇"的真功夫

1994年，真功夫起步于东莞街边的一家甜品店。创始人为潘宇海、潘敏峰、蔡达标三人，股权结构为潘宇海占50%，蔡达标、潘敏峰夫妻二人占50%。

潘宇海和蔡达标两人引进了"电脑程控蒸汽柜"，实现了中式快餐标准化、规模化加工，原来的街边甜品店也因此蜕变为标准化的中式快餐连锁店，并改组为"东莞市双种子饮食有限公司"开始在东莞迅速扩张。潘宇海担任双种子公司董事长、总裁，股权结构不变。

在初创阶段，大厨出身的潘宇海始终掌握着餐厅的主导权。但自从实现了中式快餐的标准化之后，企业规模越来越大，对潘宇海的依赖却越来越弱。反之，随着企业规模的扩大，蔡达标在谋篇布局、制定战略、策划及经营方面的才能得以体现，其在公司的地位也逐步得到了加强。2003年，双种子公司的总裁改由蔡达标担任。但据说两人之间有口头协议，5年换届一次，轮流"坐庄"。

蔡达标担任总裁后不久，双种子公司将店面开进了广州和深圳，但开局不利，于是启用新品牌"真功夫"，以打开一线城市市场。随后，"真功夫"在全国一线城市攻城略地，并迅速蹿升为中式快餐连锁的一线品牌。蔡达标也因此跻身于知名企业家行列，并被外界视为真功夫的代言人。

这让同作为创始人的潘宇海感觉受到了伤害。他认为，蔡达标的行为极大地扭曲了真实的历史事实，也严重损害了原股东之间的情感。同时让潘宇海感到不满的是，蔡达标的亲属逐渐地控制了真功夫的“肥缺”：弟弟蔡亮标垄断了真功夫的电脑供应、大妹妹蔡春媚掌控了真功夫的采购业务、大妹夫李跃义垄断了全国门店的专修及厨具业务、小妹夫王志斌垄断了真功夫的家禽供应。双方权力的失衡令昔日的合作伙伴嫌隙渐生。

2006 年，蔡达标与妻子潘敏峰因感情破裂协议离婚，更是令潘、蔡两家的关系雪上加霜。潘敏峰所持有的 25% 公司股权转归蔡达标所有。蔡达标获得了与潘宇海同等的股权比例。

2007 年开始，蔡达标开始为上市做准备。一方面，在企业内部实施“去家族化”改革，从肯德基、麦当劳等快餐连锁店引进一批高管，此举使真功夫早期创业的一些元老先后离去，这也被外界解读为“去潘化”策略；另一方面，在同一年引入了今日资本和中山联动两家风投。真功夫的股权结构变为蔡达标、潘宇海各占 41.74%，双种子公司占 10.52%（其中蔡达标、潘宇海各占 5.26%），今日资本和中山联动各占 3%。后来，蔡达标通过控股中山联动，股权比例反超潘宇海。

2008 年，蔡达标未兑现 5 年前的“口头”承诺让潘宁海做总裁，潘宇海希望参与真功夫管理而不得，加之，蔡达标的“去潘化”系列行动，致使两人的矛盾和争斗公开化。蔡、潘两家由此陷入了旷日持久的家族内斗。

2010年，真功夫的监事、同时也是潘宇海妻子的窦效嫘，以及潘宇海先后举报蔡达标涉嫌经济犯罪。2011年3月，蔡达标被执行逮捕。在蔡达标失去自由之后，潘宇海终夺回了真功夫的控制权。但双方的争斗并未结束，潘宇海以及潘家其他人针对蔡达标提起了一系列诉讼，包括：以真功夫或双种子公司的名义起诉蔡达标；以自己的名义起诉蔡达标；由窦效嫘以真功夫监事名义起诉蔡达标；由潘敏峰以离异妻子的名义起诉蔡达标；等等。

最终，蔡达标获刑14年，其持有的真功夫股权也进入了拍卖程序。但因为评估价格的争议，拍卖进展并不顺利。真功夫的一半股权归属悬而未决。

第十章

合伙人散伙法则

回归初心，方得始终

做人：晶莹剔透论人品

创业的魅力之一就在于，我们永远无法预知将面临的是成功、失败，还是出局。创业是一件非常考验人性的事情。创业合伙人走向散伙，这是没有任何悬念的必然。

我们见证了包括新东方“三驾马车”、腾讯“五虎”、阿里巴巴“十八罗汉”在内的“中国合伙人”创业传奇，也见证了包括真功夫、西少爷等更多“中国散伙人”之间层出不穷的股权战争，还有很多合伙也进入了“同舟共济、同床异梦、同室操戈与同归于尽”的死循环。总之，大多数企业的管理团队最后都是以矛盾、纠纷，甚至官司收场。

那么，如何既合得好也分得好呢？

其实，企业有没有做好，是赔钱还是赚钱，这都是正常的，因为做事情本来就有成有败。我们应该更珍惜合伙的感情和经历，感恩那些一起奋斗拼搏、一起扛过枪打过仗、一起出生入死的人。那么，我们如何才能不以得失为根本，平衡地迈过这个心理门槛，跳出合伙人结局的陷阱呢？

我们要向内寻找，回归初心，做人论人品，做事讲规则，要做好合伙人股东关系建设和股权制度建设，在创业之初就避开走入中国式合伙的“雷区”。

万事皆有始终。如果只会合伙不会散伙，只会开始不会收尾，那么散伙或收尾的时候一定是伤痕累累、遍体鳞伤。

作为一个优秀的合伙人，如何在合伙收尾的时候收得漂亮、收得干净、收得轻松、收得和谐、收得完美呢？就好比谈恋爱一样，谈得好不算什么本领，分得好更能体现一个人的人品和高度。

这里我们主要从以下两个方面来阐述，只要把这两个方面搞明白了，不仅合得顺利，最后也散得漂亮。

要想合伙创业有很好的结局，避免各种合伙人的陷阱及悲剧散伙的悲哀，首先我们要懂得回到原点，回到初心：合伙人合的是胸怀、价值、愿景、人品。我们要秉承一个理念：不以成败为标准，不以得失为前提；做人要晶莹剔透，可以成功，可以失败，但不可以放弃。

只要人品好、行得正，遇到了不可抗拒的阻力，哪怕超越自己的能力，失败了，也是正常的。因为谁来做都有成败。失败是成功的一部分，失败没有什么不好，失败了可以总结经验，失败是成功之母，失败是成功的阶梯，失败可以使我们获得更大的成长。任何人在成长的过程中，在事业发展的过程中，都要经历一番风雨才能见彩虹。所以，我们要用乐观积极的心态去看待事情的成败，并接受失败。

一个人既然有创业的决心，有合伙的意愿，就应该有承担失败的胸怀。我们在合伙之初就应该做好最坏的打算。如果创业成功了，那是因为我们付出了，我们得到了我们应有的回报，我们是幸运的。万一有不可抗力因素，超越了承受的范围，创业失败了，那么我们也能接受，大家还是好兄弟。因为感情无价，情义无价。大家的生命中因为多了彼此，都有了更多的机会；因为多了彼此，生命的宽度和维度都得到了扩展。

我们要以人品论高低，而不以成败论英雄。当你有好的格局、大的胸怀、大的包容精神的时候，没有战胜不了的困难。所有的失败，只是你成功的阶梯，会转化为你下一次成功的能量和无限的财富。

所以在成功的路上，没有失败，只有不同的格局和不同的结局。当你懂得用人品论高低的时候，你的人生已经没有了失败，只是成功的早与晚、快与慢，仅此而已。

做事：水滴石穿讲规则

合伙人一起合伙做事业，有成有败，有得有失，这很正常。

你可能开公司，但你不能保证每一个公司都能成功上市。你可能做顾问、做辅导，但你不能保证每个企业都能运转良好。你可以当老师，但你不能保证你班上的每一位同学都金榜题名。没有人可以让所有的人都接受，没有人能赢得所有人的认可。

作为一个做事者，我们应知道世界上没有任何一种方法可以让所有人都认可，只能取其利避其弊，这是很正常的现象。所以，成败得失是正常的，只要我们有规则、讲规则，就不会产生矛盾。

但是，作为一个创业者、一个优质的合伙人，应该从这个陷阱跳出来，以讲规则的态度，以水滴石穿的精神、晶莹剔透的心来看待这件事情。比如创业失败了，该由谁负责就由谁负责，按照规则来，不要推卸责任。不会因为你推卸责任，而对你有任何好处；只会因为你推卸责任，而摧毁你的人脉资源、损伤团队的信心。

所以，我们应懂得两个道理：做人论人品，不以成败论结局；做事讲规则，不以关系疏远近。当我们懂得这个道理，我们就达到了一个很好的境界，散伙也就可以做好了。我们无法实现共赢，但我们依然可以是好兄弟，可以一起寻找并把握下一次机会，走出合伙人创业的困境，走出合伙人散伙的悲哀。

做好合伙人股东关系建设

合伙创业，既是合伙一种长期利益关系，更是合伙一种创业理念。比如，合伙人股东分配股权时，应该事先在理念层面达成共识，做好合伙人预期管理，包括：

（1）经营团队分配的股权是基于长期全职人力投资的贡献，不是基于早期的货币出资；

（2）如果中途掉链子离职没有退出机制，对长期创业的合伙人股东是既不公平也不合理的；

（3）规则不仅对合伙人有约束力，对创始人同样具有约束力，公司创始人必须带头遵守规则；

（4）在尊重股东历史贡献的前提下，合伙人股东职位可上可下，股权可增可减、可进可退；

（5）合伙人散伙，并不都是被动，也可以是主动；并不都是破坏，也可以是建设；并不都是死亡，也可以是新生。讨论散伙，是为了更好地合伙。

合伙人之间必须达成这些理念共识后，再签署那些冷冰冰、硬邦邦的法律文件条款。

做好合伙人股权制度建设

合伙人股权，不是分完了事，还需要有配套的进入机制、调整机制、退出机制与传承机制。

传统的股权分配模式容易导致阶层固化与利益固化，导致股权分配只保护早期创始合伙人的利益，忽视其他“共同奋斗者”的利益。华为的虚拟股权制度，虽然不太符合中国资本市场的要求，但它是对冲股东阶层固化与利益固化的制度创新。

如果没有退出机制，合伙人股东就会导致江湖式进入，野蛮式退出。在一代经营团队退出与二代经营团队进入方面，腾讯与美的都有启发借鉴。

在腾讯“五虎”中，创业元老张志东、曾李青与陈一丹都已经退出了腾讯的经营管理，腾讯二代经营团队刘炽平与张小龙已经平稳过渡，参与执掌腾讯。美的创始人何享健已经把上市公司董事长与法定代表人的身份都交给了方洪波，交接得最彻底干净。这两家公司，第一代经营团队打下了江山，退出时历史贡献也得到认可和尊重，同时通过接班人培养、身份岗位让贤与利益分享激励完成了向第二代经营团队的平稳过渡，第二代经营团队也从职业经理人身份向企业家身份进化，引领公司进入下一个新高度。

避开中国式合伙的“雷区”

别混淆朋友与股东的身份

在电影《中国合伙人》里有句经典台词，“千万别和好朋友合伙开公司”。但在实践中，一方面基于创业起步阶段资金与资源的局限性，很难吸引到心仪的合伙人；另一方面也是基于信任，绝大多数创业者都是从身边人下手寻找合伙人。徐小平就曾调侃新东方的早期创业团队是“老同学+老乡+老妈”。

好朋友合伙创业，使得朋友关系与股东关系合二为一。在朋友关系中，通常身份平等，不涉及重大利益关系。但在合伙人关系中，身份有主有次，且涉及重大利益关系。好朋友合伙创业，如果处理不当，就会陷入“谈钱伤感情”与“谈感情伤钱”的两难境地。新东方的股权改制就曾引发高层危机，俞敏洪发现“在友情为基础的组织里，你不能下命令，不能指挥，只能通过友情来权衡利益和权力”。

利益是利益，感情是感情

中国是个人情社会。在公司初创时，公司股份不值钱，一切都是虚的。也基于信任和碍于情面，合伙人通常回避或淡化利益分配问题，这时最简单粗暴但高效的方式就是平分股权。这时候，大家还无法意识到制订股权分配的“进入机制、调整机制、退出机制与传承机制”规则的必要性和重要性。

等到公司值钱或出现重大问题时，才去耗时耗钱解决股权的遗留问题，已经是船大难掉头了。如号称史上股权分配比例最糟糕的真功夫，最初简单粗暴的平分股权模式导致了激烈的股权之争，不仅给创始人之一蔡达标带来了长达 14 年的牢狱之灾，而且真功夫的另一半股权至今仍悬而未决。

不照搬公司法与公司章程

中国公司法把创业者当成投资方来看，完成货币出资即成为享有完整权利的股东。此外，工商局“钦定”的公司章程模板也没有多少制度创新的空间。

很多创业者照搬公司法与公司章程，导致绝大部分股权分配方案都存在这些问题：只考虑合伙人股东的货币出资贡献，不考虑人力的贡献；只对钱定价，不对人定价；股权既没有进入机制，也没有调整机制、退出机制与传承机制。这些股权分配方案，完全符合中国公司法，符合公司章程，符合传统的股份分配方案，但在实践中却潜在大量的问题。

今天我们已经进入互联网经济时代，进入知识经济时代，进入万众创业、大众创新的时代，这个时代也是合伙人创业的时代，我们必须学习合伙人的理念，懂得合伙人的模式，运用合伙人的精髓，充分利用自己的资源杠杆，把握每一个成功的机会，并且成倍地放大成功的机会。

今天的时代要求我们更聪明、更智慧，更会利用条件，更懂得把握机遇。而所有机遇的核心必须把创业的模式从单打独斗的创业模式转换成借力创业的合伙人模式。

合伙人模式，不仅可以帮助我们从事业的瓶颈中走出来，而且可以分散个人的风险，缩短奋斗的时间，还可以帮助我们把握生命中更多的事业机会，实现我们的事业抱负和财富梦想。所以，合伙人模式是当今这个时代必须导入的理念。我们必须将传统的经营思维、传统的经营理念转换成合伙人模式下的思维和理念，用合伙人模式去编制我们的事业平台，对企业进行转型升级，实现我们的事业抱负和财富梦想。

经典案例：

“万通六君子”散伙，不是死，而是生

说起“万通六君子”，必然会说起冯仑和潘石屹。和每个抱着创业梦的年轻人一样，冯仑、王功权、王启富、易小迪、刘军、潘石屹六人怀揣着梦想，投契地走到了一起，组成“万通六君子”，在海南开启了他们的创业梦。

创业之初，他们在界定合伙人利益关系时，采用的是“座有序，利无别”的模式。大家虽然职务有差别，但利益是平均分配的。在当时，董事长的位置并不重要，大家关注的焦点是法人代表和总经理。大家一致认为，王功权当法人代表和总经理比较合适，于是，法人代表和总经理就由王功权担任。冯仑则担任副董事长（当时董事长职务必须由投资主管单位的人担任），王启富、易小迪和刘军担任副总。潘石屹加入公司后，最初担任总经理助理兼财务部经理，后来也变成了副总。

虽然都是副总，但权力并没有详细规定，所有事情都要六个人在场讨论。冯仑曾回忆：“这时情况变得比较微妙，最后谁说了算呢？名片、职务不同，但心理是平等的。后来功权说他是法人代表，要承担责任，得他定，但如果大家不开心，以后可能就没责任负了，所以多数时候他会妥协。”

1992 年，通过运作海口“九都别墅”项目，“农高投”赚得了“第一桶金”。此后，“农高投”用这笔钱不断在海口、三亚炒房炒地。公司经济条件宽裕后，很多老员工都拥有了“四个一”，即一套房子、一万块钱存款、一部电话和一部摩托车。

在“农高投”成立之初，人员并不多，除去万通六君子这六个“高层”，只有两名员工，一个是王功权的老婆，一个是王启富的哥哥。大家一起干活，一起吃饭，谁也没把自己当“领导”。完成原始积累后，公司开始招聘新人，这才有了真正意义上的上下级关系。由于六人的座次排得很模糊，导致六人权力均等，因而产生了一个问题：下面的员工自觉不自觉地会“站队”，形成各式各样的派系，导致组织运行效率低下。

1993 年 1 月 18 日，“农高投”增资扩股，改制为有限责任公司形式的企业集团，即万通集团，主要股东除冯仑、王功权、刘军、王启富、易小迪还有后来加入的潘石屹以及中国华诚财务公司、海南省证券公司等法人股东，由冯仑担任董事长和法人代表。

在之前，冯仑等人的合伙人关系是虚拟的，没有股权基础。通过这次改制，冯仑等人开始建立了财产基础上的合伙人关系。冯仑提出一个观点：按照历史的过程来看，缺了谁都不行，每个人的作用都是百分之百：他在，就是百分之百；不在，就是零。

从这个角度出发，万通六君子在确定股权时采取了平均分配的办法。由于是平均分配，大家说话的权利是一样的，所以万通成立了一个常务董事会，重大的决策都是六个人共同来定。

1993 年 6 月，由万通集团投资并以定向募集方式发起组建了北京万通实业股份有限公司，公司实收资本金 8 亿元人民币，成为北京最早成立的以民营资本为主体的大型股份制企业。同年，万通在北京开发了“新世界广场”项目，大获成功，卖到了当时市价的三倍。万通新世界广场的成功，让大众和业界开始关注万通，同时，也奠定了两个地产大佬冯仑和潘石屹的“江湖地位”。

然而，在万通总资产达 70 亿元的时候，经历了一次巨变——“万通六君子”迎来了第一次分手，王启富、易小迪和潘石屹，选择离开万通。三年后，刘军也选择了离开。2003 年，六兄弟中的最后一人王功权也离开了。至此，“万通六君子”彻底散伙了。

短短几年间，万通完成了从六个人到一个人（冯仑）的转变。对此，冯仑曾公开表述，从第一次分手到最后王功权离开，自己也越来越接受和认可了这种退出机制。

冯仑回忆道:“最早潘石屹发给我们律师函，指出不同意就起诉时，我和功权都觉得特别扭，像传统中国人一样认为那叫‘忒不给面子’，但越往后越成熟，最后我和功权分开时只请了田宇一个人，连律师费都省了，一手交支票，一手签字。”

合伙人散伙是再正常不过的事，关键要有规则，讲规则。在中国这个人情社会，讲规则看似不近人情，但是却可以把事情变得简单而有效率。

散伙后的冯仑仍坚持带领万通控股开疆辟土，在房地产开发、工业地产、基金管理和资产管理等业务上迅速扩张。冯仑、潘石屹和易小迪成了地产界的大鳄，王功权成了知名的风险投资家，王启富和刘军也在其他领域开创了一番事业。可以说，散伙并没有阻止“万通六君子”的发展，相反每个人都实现了各自的精彩。

因此，在中国改革开放后的商业史上，“以江湖方式进入，以商人方式退出”的“万通六君子”事件则成了一段佳话。

所以，“散伙”并不意味着就是死，相反，它是创业过程中一股积极的推动力，推动着企业的发展及合伙人的成长。